鄭樑生 著

文史哲學集成

# 中日關係史研究論集 (四)

文史哲出版社 印行

## 著者簡介

鄭樑生，桃園縣揚梅鎮人。先後畢業於省立臺北師學校、國立臺灣師範大學、日本國立東北大學，獲日本國立筑波大學文學博士學位。主修明史、日本史、中日韓關係史。曾任中小學教員、主任、圖書館編輯、研究所兼任教授。現任淡江大學歷史系教授。著有《明史日本傳正補》（一九八一，臺北，文史哲出版社）《元明時代東傳日本的文獻》（一九八四，同上）《明代中日關係研究》（一九八五，同上。日文版由東京，雄石閣於同年刊行）《元明時代東傳日本的水墨畫》（一九八七，同上）《日本通史》（一九九三，臺北，明文書局）等三十餘冊，及學術論文百餘篇。

文史哲學集成 309

中日關係史研究論集(四)

著者：鄭樑生
出版者：文史哲出版社
登記證字號：行政院新聞局局版臺業字五三三七號
發行人：彭正雄
發行所：文史哲出版社
臺北市羅斯福路一段七十二巷四號
郵撥〇五一二八八一二彭正雄帳戶
電話：三五一一〇二八
印刷者：文史哲出版社

實價新台幣三〇〇元

中華民國八十三年三月初版



ISBN 957-547-858-4

# 中日關係史研究論集㈣目次

# 序

本書收錄個人對於中日關係史研究的部分篇章，大致上可分爲兩個部分。其一是以日本五山禪僧爲中心的一些討論，計有論文三篇，即〈日本五山禪僧接受新儒學的心路歷程〉、〈日本五山禪僧的儒釋二教一致論〉及〈日本五山禪僧的「仁義」論〉三文。其次則爲對於中日關係史研究重要人物的一些介紹，概述林泰輔、陳固亭、小川環樹、吉川幸次郎、島田正郎諸先生的貢獻。

在第一部分，〈日本五山禪僧接受新儒學的心路歷程〉一文，透過在日本中國禪僧的儒學研究，日本禪林的理學觀，及日本禪林二教一致論的形成這三個子題，觀察日本五山禪僧接受儒學的過程。〈日本五山禪僧的儒學二教一致論〉，則延續上文作更進一步的探討，論述儒釋二教一致論如何在日本開展；並透過其對修身、中庸、心性、仁等觀念的看法，觀察二教一致論的內涵。至於〈日本五山禪僧的「仁義」論〉一文，則在探究五山禪僧「仁義」論與儒學的根源。

於第二部分中，〈論語研究在日本〉一文，主要以林泰輔氏所編纂的《論語年譜》、《論語源流》爲中心，論其對《論語》研究的貢獻，提供國人參考。〈陳固亭先生遺著四種〉，則介紹對於中日關係史研究有重要貢獻之陳固亭先生的四部書：《日本論叢》、《中日韓百年大事記》、《明治時代中日文化的連繫》，及《日本新聞史》。〈吉川幸次郎全集〉一文，論述已故京都大學文學部教授吉川幸次郎主修中國學術的動機、經過，來華留學期間的學習情形，與夫其全集的特色。〈小川環樹的中國小說史研究〉一文，則探討京都大學文學部教授小川環樹博士從歷史觀點，研究中國小說演進的過程與其成就等，有關中國小說的重要貢獻。最後一文〈島田正郎的學術生活〉，則略述其在遼史方面的探索與發現，認爲其研究方法和獨特見解，對我國學術界來說是一股嶄新的激流。

個人歷年來對於中日關係史的研究，環繞兩個主題，其一爲倭寇問題，已有相關論集《明代中日關係研究》及《明代倭寇史料》出版，部分篇章亦見於國內外學術單位發行之國際學術研討會論文集，和漢學研究中心出版之《漢學研究》，以及拙著《中日關係史研究論文集》中。其次則爲日本禪僧接受中國儒學問題，中間涉及文獻、文物的東傳，及思想的流布等的討論，多見於拙著《元明時代東傳日本的文獻——以日本禪僧爲中心》、《元明時代東傳日本的水墨畫》，及《中日關係史研究論集》中，此書亦爲這一主題研究的後續成果。此書所收錄部分介紹學者的文字，則爲研究過程中對於前人貢獻的一些短札，用以記錄中日兩國學者對中日關係史研究所踏出的足跡，並以鼓勵後人繼起研究。中日關係史的研究在國內史學界未能蔚然成風，是一個明顯的事實，實有待年輕學子的努力，而此實爲個心衷心寄望所在。

一九九四年甲戌初春

**鄭樑生** 識於淡江大學歷史學系

# 日本五山禪僧接受新儒學的心路歷程

## 一、前　言

日本在大化革新（六四五）之後雖於其中央設大學，地方設國學，且以儒家經典教授其學生，以培養官吏人材，惟其經由此一途徑仕宦者，其所經歷之路程旣艱辛，復由於有所謂恩蔭，達官貴人之子弟可憑其父祖之恩蔭而不必具備學歷，可直接步入宦途，致學識之有無未必成爲躍登龍門的必備條件。更由於大學、國學之經費短絀，及其律令制度之式微，故至十世紀頃，此種學校制度便逐漸僵化、形式化而名存實亡。就其以中央貴族爲自己子弟興辦之學校，如：和氣氏之弘文院，藤原氏之勸學院，在原氏之獎學院、釋空海之綜藝種智院言之，它們雖也曾有一段風光歲月，卻因其官職之逐漸世襲化而式微，致其碩果僅存的勸學院也在安元三年（南宋孝宗淳熙四年，一一七七），因祝融之災化爲烏有之後，竟反映著藤原氏之失勢而未予重建。職此之故，其學問研究便成爲博士家之專業。惟此一時期之博士家的儒學研究旣無獨創精神，又家學化而失其公開的性質，致停滯不前而僵化。更由於新興的武士階級樹立政權，並蠶食鯨呑公卿、貴族賴以維持其優游自在的生活之經濟來源的莊園，結果，公卿、貴族不僅在政治上蒙受極大的挫折，在經濟上也遭遇極大的損失。在此情形之下，公卿、貴族之喪失對學問所表示之關心，自屬必然。

就佛教界而言，自從佛教東傳以後，雖各憑自己的才學、德行升爲住持，或在政府機構擔任僧都、僧綱等職，卻隨著政府要職之世襲化，其重要職位竟也爲系出權門勢家的僧侶所佔據。當此之時，雖仍有人致力於佛教經典之教理教相的研究而出現不少名僧，但他們所研究者卻無法逸出註解釋義之域，而反覆於空疎繁瑣之思辨的論議，致祈禱的佛教成爲其主流。

迄至鎌倉時代（一一八五～一三三三）末期，其皇室內部因皇位繼承問題相互傾軋，分裂成爲大覺寺、持明院兩派，造成兩統迭立的局面。由於他們彼此標榜善政，致力以德化人，故其政治稍呈活躍。到了大覺寺系統的後醍醐天皇（一三一八～一三三九在位）登極，起用才學兼備的日野資朝、北畠親房等人輔政，故其公卿社會的學術研究亦因此稍呈蓬勃，惟此一現象畢竟是個迴光返照，其研究風氣終無法形成氣候。當此之時，日本中世的學術界竟出現一群使已經陷入低潮的學術研究水平提升，從而開創一個新生面，而不僅在日本漢文學史上創造了另一個高峰，使其學術研究成果永垂不朽，更奠定日本近世漢文學興隆之穩固基礎者。這群人就是禪僧，尤其是以京都、鎌倉之五山、十刹爲中心的臨濟宗之禪僧們。因此，本文擬就那些禪僧之致力研究儒學，尤其是接受宋儒性理之學的心路歷程作一番考察，並祈方家諟正。

## 二、中國禪僧的儒學研究

如衆所周知，「教外別傳，不立文字」爲禪宗之宗旨，所以它不似天台宗之以《法華經》，眞言宗之以《大日經》爲其所依之經典，而以「禪定三昧」之行，「一超直入如來地」，一切皆得「自肯自得，冷暖自知」，亦即它欲舉轉迷開悟之實，來「直指人心，見性成佛」。由於它注重徹底的「行」，而其純粹的祖師禪之原有立場，對以教理、教相爲主的內典未予重視，故其態度有如《臨濟錄》《語錄》所謂：「三乘十二分教，皆是拭不淨故紙」，認爲五千四十餘卷的黃卷赤軸對其修禪無甚裨益。他們既然不重視內典，則有關外典的學術作品，當然也在排除之列。雖然如此，相傳菩提達磨於西元五二〇年頃至北魏首都洛陽之際，曾帶來《楞伽經》，將它傳給二祖慧可；洪州（江西省）新吳縣百丈山大智聖禪寺開祖百丈懷海撰《百丈清規》以定禪林規矩，而禪祿《碧巖集》之根據《楞嚴經》第二所爲《楞嚴不見時》之則，及根據《金剛經》《能淨業障分》一節所爲《金剛經輕賤》之則等，在在說明禪並未全面否定智慧與戒律。因此，中國禪林之研究《楞嚴經》、《楞伽經》、《金剛經》、《般若經》等內典，乃從此一宗派發達之初期即已開始，尤其強調「慧」方面的教宗與禪宗之接近、融合之傾向，自唐末至宋代之間便已相當顯著。①就以禪與淨土而言，此兩宗派之修道雖有靠自力與他力之別，卻自宋代起便已有彼此融合之跡象。而此一傾向自宋末至元代之間愈益顯明。例如永明延壽，他既參天台德韶而獲禪之印可，但又從事淨土之業，故其著書不僅有從禪之立場來撰述之《宗鏡錄》百卷，復有站在淨土之立場來立論之《萬善同歸宗》六卷，乃衆所周知之事實。此外，採取心禪行淨，禪淨兼修之立場者，尙有著作〈坐禪箴〉、〈華勝會錄〉的宗頤，以〈龍舒淨土文〉名聞於世的王日休，撰寫《蓮宗寶鑑》的普渡，以〈懷土詩〉著稱的中峰明本等，他們都是宋、元時代給中國佛教界以極大影響的人物。②

中國禪林的特色之一，就是深受士大夫階級的影響。中國的士大夫多經由科舉爲官，但由於政權的隆替，旣有在官場得意的，也有下野爲民的，而後者則間有因失意而隱逸山林，終爲禪宗所吸引者。但那些在野者未必都一直隱逸，俟得機會，又重返廟堂。當他們復仕後，或許仍不忘禪而予以關懷、愛護，乃將金錢、土地捐贈禪寺，禪僧們便因此能過足衣足食的生活，有較多時間來讀書。③但禪僧中也有因科舉失敗才皈依佛門，在禪林求發展的。例如：臨濟宗楊岐派大慧派僧侶晦機元熙（一二三八～一三一九）係江西南昌人，俗姓唐。原期望爲進士，與乃兄元齡同讀書，卻未能達到目的，乃從西山明出家，而遇物初大觀於玉元開法，遂侍之而嗣其法，④此即因對仕宦死心方纔遁入空門者。又如出身明州（浙江省）象山縣的臨濟宗楊岐派松源派的竺仙梵僊（一二九二～一三四八），他俗姓徐，也因科舉失敗方纔在禪林求發展，後來與明極楚俊等聯袂赴日（一三二九），對日本禪林之發展有極大的貢獻。⑤

禪宗雖標榜不立文字，但這並非說它不使用文字，只是說它不用所依之經典，不逐邏輯，而以直觀方式臻於悟入之境界。所以它並非不利用文字，乃是不以文字作爲推演其邏輯之手段。因此，在其悟入的過程中用文字來表達其所悟入之境界的場合不少。又，因禪宗重視直覺，故在其悟入過程中難免誘發其詩的情緒。⑥因禪宗是獲中國愛好學問與文學之士大夫階級之支持而發展的中國式佛教，而中國又是重視文字的國家，故中國社會的一般傾向自然會影響及於禪林。因此，從唐代開始，在禪林內部就產生以偈頌為中心的宗教文學，此一傾向在宋代更形顯著。所謂偈頌，就是韻文的一種，它與個人的信仰內容有關。如其內容是宗教的，就將它稱為偈頌。它有五言、七言絕句，也有律體，更有採用古體詩或長詩形式的，而以七絕為多。每當他們在修道時心中有所悟，要表達自己所悟內心之境界時所詠者謂之「頌古」——頌古則，若在給道號時所詠者則謂之「道號之頌」，而偈與頌相同，並無甚麼分別。⑦

禪林除作偈頌外，也還作「疏」，如「入寺疏」、「同門疏」、「友社疏」或啓劄（書信）、榜（文告）等，它們是對外的。這些乃早期之禪林文學作品，例如唐末永嘉玄覺的《證道歌》，三祖僧璨的《信心銘》，石頭希遷的《參同契》，洞山良价的《寶鏡三昧》等是。這些作品乃純粹記述其宗教的心境者，惟至後來此種作品卻逐漸減少而作政府機構所作實用文書者增多，且將其文字作文學的表現。⑧然當要作偈頌或疏、啓劄、榜時，自非閱讀許多圖書不為功，於是他們為作此類文章，有時便有忽略修道而將其精神傾注於儒學研究者出現。此事就如日僧夢窗疎石所說：

我有三等弟子，所謂猛然放下諸緣，專一窮明己事，是為上等；修行不純，駁雜好學，謂之中等；自昧己靈光輝，只嗜佛祖涎唾，此名下等。如其醉心於外書，立業於文筆者，皆是剃頭俗人也，不足以作下等。⑨

此雖係夢窗憂其弟子們忘卻本分，馳聘於外學而發之之言，但在衆多華僧裏，恐亦難免有此類僧徒出現。

禪僧們既有醉心於儒學而忽略修道者，此表示當時的禪僧之熱衷於儒學者多。日本僧侶的儒學研究之風氣如此，華僧對它的看法又如何？茲以東渡日本弘揚禪教的明極楚俊、清拙正澄、竺仙梵僊等人爲例，將他們的儒學觀介紹如下：

**1.明極楚俊**

明極，名楚俊，宋明州（浙江）慶元府（寧波）人。初參橫川行珻，後從虎巖淨伏而承其道風。住金陵奉聖寺，繼遷瑞巖、普慈二寺。元明宗天曆二年（元德元年，一三二九）六月，應日本之聘東渡，時年六十九。當他抵京都時即爲後醍醐天皇所召見，垂詢佛法，賜予佛日燄慧禪師之號。未幾，至鎌倉，北條高時請爲建長寺住持。元順帝正統二年（建武元年，一三三四），奉召返京都，爲南禪寺十三世住持。順帝至元元年（建武二年，一三三五），遷京都建仁寺。二年九月二十七日圓寂，年七十有五。著有《語錄》若干卷，題爲《明極錄》。⑩

明極不僅對佛道的修行頗高，儒學方面的造詣亦深，故在其《語錄》中引用儒語處頗多，且發儒者之言。例如：

三教聖人，各立本法。儒教大雅之法，其行端確無邪。釋教大覺之法，其性圓融無礙。道教大觀之法，其智廓達無滯。如鼎立足，缺一不可。雖然，且三聖人中，那一個會受人天供養，云云。⑪

由此觀之，明極認爲儒教以行爲，佛教以心性，道教以智慮見長而三者鼎立。⑫又如他爲狼山蓂藏主作〈仲芳字說〉時說：

仲者亦中之爲義也，故聖賢以仲字界乎季孟之間也。芳者物之茂盛也，物過盛則易衰颯，故以中義節之，使其合乎中道，存乎天理也，云云。何曾有偏有倚而不立乎中道邪？⑬

此乃將《中庸》所云不偏不倚爲「中」之說法，視如禪之「中道」，可見明極認爲儒、釋兩教在此一方面並無二致。非僅如此，他更認爲如能修得儒教，便可臻於佛家之境界。所以他在其〈博多土都小學士求語〉中說：

志學理應髫髫時，汝今聰敏不爲遲。詩書可向清晨誦，筆硯還須白日提。行己莫離忠與信，立身宜謹禮和規。從儒入釋毋忘此，管取功名會有期。

這不僅鼓勵人家誦讀詩書，還教人遵行儒家所重視之德目，故他所說者有如儒家之言。

### 2. 清拙正澄

清拙，名正澄，宋福州連江縣人。俗姓劉，世世以儒爲業。年十五，從月溪禪師得度，先後參平楚、愚極、方山等諸名衲學禪、悟道，然後出世於遠州雞足山，尋住松江眞淨寺。元泰定帝泰定三年（嘉曆元年，一三二六）五十三歲時，應日本之聘東渡，被北條高時迎至鎌倉，爲建長寺住持。元順帝元統元年（元弘三年，一三三三），奉後醍醐天皇之詔赴京都，爲建仁寺住持，繼住南禪寺。晚年復住建長寺。順帝至元五年（一三三九）示寂，年六十有六。賜諡大鑑禪師。著有《語錄》七卷、《禪居集》一卷。⑭

清拙對儒學的看法是：儒、釋兩教的教化之迹雖殊，其根本則一致。云：

天下無二道，西乾、東魯之道同也。語其闡教迹雖殊，而皆導人爲善，云云。⑮

並且他又認爲修道在己而引《論語》〈衛靈公篇〉所記載孔子之言云：

鏡光一世，萬象妍醜，現於中者，隨形大小，各應本形。鏡不作是念，我當現彼，但一道平等，本光虛明洞照，自然而然者也，云云。道之在天下，亦不作是念。我令彼得道，令彼不得道，皆無是也。故曰：人能弘道、非道弘人也。⑯

道，待人而明，待人而行；人之明道，行道，志在乎道，非欲以張己、尊己。清拙似有藉孔子之言，以倡儒教之意。

3. **竺仙梵僊**

竺仙，名梵僊，號來來禪子。元慶元象山縣人。俗姓徐。參古林清茂有悟而嗣其法。元明宗天曆二年（元德元年，一三二九），與明極楚俊偕往日本。翌年二月，抵鎌倉，爲建長寺第一座。後來歷住鎌倉淨智、京都南禪諸寺。元順帝至正六年（貞和三年，一三四四）返住建長寺後復住淨智寺。明年，退休於金峰之楞伽院。同年七月十六日圓寂，世壽五十有七。著有《語錄》八卷，《天柱集》、《來來禪子集》、《來來禪子東渡集》、《來來禪子尙時集》各一卷。⑰

竺仙認爲儒、釋兩教在教化的方便上雖有所不同，卻同歸天賦之本源。因此，他認爲要修養，就須明心性而在此一方面儒、釋兩教並不相悖。其言曰：

列聖興出，爲惘迷流失其本源，不知所歸，爲之導引也。其流既衆，始百川競瀉，萬派爭奔，隨其波，逐其浪，流而忘返，滔滔者天下皆是也。孔氏曰：逝者如斯乎，不舍晝夜。孔氏者其知歸乎？釋尊曰：一人發眞歸源，十方虛空，悉皆消殞。不妨截斷衆流，無乃陸地波濤，沒溺平人未有了。曰：然不犯清波，直下知歸，不用鑿崑崙，擘泰華，端四海，疏九河。但識浪休騰，情漚息起，自性天眞，廓然如本。是故諸聖出興，縱橫逆順，皆欲導其歸於是也。故曰：方便有門，歸源無二性。⑱

竺仙又藉《論語》所記載孔子所言：「天何人哉！四時行焉」之句，以說道在言語之外。並且又藉孟子所言：「舜何人也，余何人也，有爲者亦若是」的話，以言無論何人，只要發悟，便可立刻達到佛祖地位，而暗示孟子亦懷有此種思想曰：

一句道不得，縱橫何限數。譬如天與地，何曾有言語。四時及萬物，總是天地句。會得此句者，即是佛與祖。所以道：舜何人哉！余何人哉！佛亦人也，祖亦人也，於我自己，豈在其下。⑲

由上舉明極楚俊、清拙正澄、竺仙梵僊等名衲之言論可知，他們不僅不排斥儒教，也還認爲儒、釋兩家之言有其相契合處而不廢儒書。由於他們都曾接受製作偈頌之訓練，亦即欲於佛教領域推動文藝活動，其中竺仙曾接受古林清茂之薫陶。而其同樣曾在古林門下參禪的日僧石室善玖、龍山德見、不聞契聞、別源圓旨、中巖圓月、寂室元光等人則共同組織一個「友社」，以從事偈頌之創作活動。而此一活動，對日本禪林文學之發達起了很大作用。那麼，日本禪林對儒學的看法如河？下節擬就此一方面的問題作一番考察。

## 三、日本禪林的理學觀

如據日本學者足利衍述的研究，宋代理學係由京都泉涌寺僧不可棄俊芿（一一六六～一二二七）東傳扶桑，其所持理由爲俊芿曾於南宋寧宗慶元五年（建久十年，一一九九）浮海游宋，在華十一年，於寧宗嘉定四年（建曆元年，一二〇九）東返之際，曾經帶回律宗經典三百二十七卷，天台章疏七百十六卷，華嚴章疏一百七十五卷，儒書二百五十六卷，雜書四百六十三卷，而該年又是朱熹門人劉爚刊行《四書集註》之時。俊芿在華期間，曾在南宋首都臨安受史彌遠、錢象祖、樓昉、楊中良諸儒之尊崇，且與北磵居簡、葛無懷、樓鑰等名僧、碩儒交往，而樓鑰之理學又淵源於程氏，故認爲俊仍必受他們之影響，而其所帶回的儒書中一定有朱晦菴之《四書集註》。

大家都知道，無論朱子學也好，禪也好，無不以明心之本體爲主，故殊途而同歸。朱子學在於學問研究與研究心性同時進行，禪則不立文字，所以雖有修養工夫，卻無學問研究。禪之修養以坐禪爲主，以心傳心，頓悟見性爲宗，朱子學則在致知格物、窮理、誠意，以明虛靈不昧之本體——心，亦即在於正心、誠意、盡性。所以雖是坐禪，卻專以居敬爲宗，當其臻於研究、修養之極，一旦豁然貫通，便與禪之見性相同。⑳朱子學以有——世間爲其立足點，禪則以無——出世爲其立足點。前者智德不離，知行合一。修養己身，小而教化庶民，大而舉治國平天下之實，爲其目的，禪則無此目的。㉑由此可知，朱子學乃取禪之心學而予以儒化，以儒教之目的——修身、齊家、治國、平天下爲基礎，採取禪之修養法，使之有秩序，平易而無害。易言之，朱子學乃將禪之修養改良成爲儒教的，且賦予儒教之主要的知識研究，使成爲實際的，符合世間所需求的。因此，禪與朱子學有不可分的關係。㉒

禪宗因標榜不立文字，而以頓悟見性爲其宗旨，有修養而不從事學問研究，則由此產生之弊端便是無學自是，以至於狂禪自喜。與此相對的，朱子學因學問研究與修養同時並進而不相離，故其態度公平而弊端亦少。所以隨此一學問之盛行而其勢力亦隨之增大。禪宗鑒於徒務修養而不作學問，則無法與之抗衡，且由於他們兩者之間靈犀相通，於是禪僧們亦取其長而開始從事學問研究。其自朱晦菴以後至南宋末年從事儒學研究之主要禪僧有北磵居簡、癡絕道沖、無準師範、晦機元照等。他們以爲朱子學之居敬窮理、窮理盡性、格致誠正，在禪門亦有。並且認爲儒家之窮理，在禪家爲頓悟；儒家之盡性，爲禪家之見性。故認爲儒、釋兩教不僅彼此不相悖，而且一致。雖然如此，在朱子學東傳之初，並非所有日本禪僧都毫無保留的予以全面接受。例如曾被譽爲：

微達聖域，度越古今，強記精知，且善著述，凡吾西方經籍五千餘軸，莫不究達其奧。其餘上從虞、夏、商、周，下逮漢、魏、唐、宋，乃究其典謨、訓誥、天命之書，通其風、賦、比、興、雅、頌之詩，以一字褒貶，考百王之通典，就六爻貞𠲖，參三才之玄根。明堂之說，封禪之儀，移風易俗之樂，應答接問之論，以至子思、孟軻、荀卿、揚雄、王通之編，旁及老、列、莊、騷、班固、范曄、太史紀傳，三國及南北八代之史，隋、唐以降、五代、趙宋紀傳，乃復曹、謝、李、杜、韓、柳、歐陽、三蘇、司馬光、黃、陳、晁、張、江西之宗、伊洛之學，轇轕經緯，旁據午援，吐奇去陳，曲折宛轉，可謂座天下於斯文不羞古矣！㉓

之虎關師鍊即是對朱子學持批判態度者。他曾說：

晦菴《語錄》云：釋氏只四十二章經，是他古書，其餘皆中國文士潤色成之，《維摩經》亦南北朝時作。朱氏當晚宋稱巨儒，故《語錄》中品藻百家，乖理者多矣，釋門尤甚。諸經文士潤色者，事是而理非也，蓋朱子不學佛之過也。夫譯經者，十師成之。十師之中，潤文者時之名儒，奉詔加焉者多有之矣。宋之謝靈運，唐之孟簡等也。文士潤色實爾，然漢文也，非竺理矣。朱氏議我而不知譯事也。又，《維摩經》南北朝時作者不學之過也。蓋佛經西來，先上奏，然後奉詔譯之，豈閑窗隱几，僞述之謂乎？況貝葉字不類漢書，故十師中有譯語，有度語，漢人之謬妄，不可納矣。是朱氏不委佛教，妄加誣毀，不充一笑。又云：《傳燈錄》極陋，蓋朱子之極陋者文詞耳，其理者非朱氏之可下喙處。㉔

而認爲朱熹對釋氏書所作之評語並不允當。又說：

凡書者，其文雖陋，其理自見。朱氏只見文字，不通義理，而言佛祖妙旨爲極陋者，實可憐愍。夫《傳燈》之中，文詞之卑冗也，年代之錯違者，吾皆不取。然佛祖奧旨，禪家要妙，捨《傳燈》，猶何言乎？朱子不辨，漫加品藻，百世之笑端乎？我又尤責朱子之責儒名而議吾焉。《大惠年譜》〈序〉云：朱氏赴擧入京，篋中只有《大惠語錄》一部，又無他書，故知朱氏剽《大惠》機辨，而助儒之體成耳。不然，百家中獨持妙喜語耶？明是王朗得《論衡》之謂也。朱氏已宗妙喜，卻毀《傳燈》，何哉？因此而言，朱氏非醇儒矣！㉕

虎關的言論雖如此偏激，且斥朱子非醇儒，但此可能只在排佛方面作如是言論，於儒學道統方面則不然，因爲他對朱晦菴的哲學理論及《四書集註》，並未見其直接論難。

時代稍晚的義堂周信與虎關稍異，他持容納朱子的態度。他說：

近世儒書有新舊二義：程、朱等，新義也。宋朝以來儒學者，皆叅吾禪宗，一分發明心地。故註書與章句迥然別矣！《四書》盡於朱晦菴。菴及第以《大慧書》一卷，爲理性學本，云云。㉖

又說：

漢以來及唐儒者，皆拘章句者也。宋儒乃理性達。故釋義太高。其故何？則皆以參吾禪也。㉗

義堂乃日本禪林的代表作家，他與絕海中津同被譽爲五山文學的雙璧，由其言論可看出日本禪林的宋學觀之端倪，而「《四書》盡於朱晦菴」，即表示他有尊崇朱子之意。就以與義堂同門之春屋妙葩而言，他也頗傾向於朱子學。下文所引者固爲他引用《孟子》〈萬章篇〉之文字以喻聖人虛己應物，卻可由此看出他在儒學方面是尊崇宋儒新說的。其《語錄》卷三，〈瑞山懼公大居士月忌初辰請〉云：

古人銘鏡曰：物以萬來，我以一視，言我虛心視之，萬別千差，無不一照，以喻聖人虛己應物。昔有饋生魚於鄭子產，子產使校人畜之池。校人烹之。反命曰：始舍之，圉圉焉。圉圉，困而未舒皃。少則洋洋焉，悠然而逝。子產曰：得其所哉！得其所哉！不疑焉。校人出曰：孰謂子產智，予既烹而食之，曰：得其所哉！得其所哉！孟子引此事曰：君子可欺以其方，難罔以非其道。朱熹註大意曰：以理之所有誑之，是曰欺；以理之所無眛之，是曰罔。言君子聞理之所當則不疑，故可欺之；其理之所乖則不肯，故難罔之也。若抑而罔者必壞，欺而不休者獲罪於天也。夫以孟子所諭，想見古人窮達變通事，諸公以爲如何？

可證。

儒林曰：就曾被華僧竺仙梵僊譽爲「學通內外」㉘之中巖圓月而言，他曾根據程、朱之說以評論中國歷代或問諸子。中正子曰：子思誠明，孟子仁義，皆醇乎道者哉！問：荀卿如何？曰：荀也醇而有小漓。問揚子。曰：揚雄殆庶乎，其文也緊。請問文中子。曰：正氏後夫子千載而生，然甚俏焉，其徒過之。亶夫子之化愈遠愈大，後之生孰能跂焉。問退之。曰：韓愈果敢，小詭乎道，然文起於八代之衰，可尚。㉙

至於韓昌黎以後之儒者，中巖認爲應首推朱子。他說：

朱之爲儒，補罅苴漏，鉤玄闡微，可以繼周紹孔者也。㉚

雖然如此，他對於程、朱之排佛卻表露其極端不滿之意。因此他說：

伊洛之學，張、程之徒，夾註孔、孟之書而設或問辨難之辭，亦有凭地便是恰好。不要者般什麼說話，無道理了。那裏得箇不理會得，卻較些子等語，然其主意存於擠提佛老之道也，此等語非禪也審也，云云。㉛

上舉諸僧的意見雖如此，但中巖以後的仲方（芳）圓伊、翱之慧鳳、季弘大叔等人對朱子的評價則極高。仲方曰：

時紫昜朱晦菴爲天下儒宗，以綱常爲己責。心究造化之原，身體天地之運，雖韓、歐之徒，恐當歛衽而縮退矣！㉜

此言朱晦菴因心究造化之原，身體天地之運，所以雖韓愈、歐陽修等人，在他面前也會退縮。翱之則曰：

建安諸夫子出於趙宋南遷之後，有泰山巖巖之氣象。截戰國、秦、漢以來上下數千歲間諸儒舌頭，躬出新意。聖賢心胸，如披霧而見太清。數百年後，儒門偉人名流，是其所是，非其所非，置之於鄒魯聖賢之地位，仰之如泰山、北斗，異矣哉！三光五嶽之氣，鍾乎是人，不然，奚以致有此乎。㉝

此一評價實相當高，此與虎關師錬之對朱熹有所責難的情形較之，實有霄壤之別。他們不僅在此時已持容納的態度，而且還對他五體投地。㉞翺之不僅推崇朱子，對理學之祖周敦頤也相當尊敬。所以他曾對濂溪的〈太極圖說〉作如下評語曰：

太極者，無極也。是周舂陵發明易道以嘆之之言也。天地未判，陰陽未兆，謂之太極乎？父母未生，混沌溟濛，謂之太極乎？是實難言。周家之老，纔以無極兩字註之。德山棓之，臨濟喝之，禾山之鼓，石鞏之弓，只註箇太極兩字。㉟

此不言對德山之棓，臨濟之喝，禾山之打鼓，石鞏之弓加上註腳者爲「太極」兩字，而反過來說「只註箇太極兩字。」㊱由上舉言論，實可看出在元末的日本禪林之儒學主義，與他們對理學之崇尙。這種崇尙在明初擔任海會寺住持的季弘大叔之言論中更可得到證明。曰：

居士知彼天乎，天寔不易。云天也者，道也，理也，性也，一心也。仰而觀蒼蒼者謂之天，不近於兒童見耶？昔聖宋之盛也，周、邵、程、朱諸夫子出焉，而續易學不焰之光於周、孔一千餘年之後。太極無極，先天後天之説，章章于世。天非有先后之異，均具于太極一氣之中而已矣。且夫人之脩身、誠意者，天與吾一而能樂其天者也。……天謂人欲幾蔪絕，則云理，云道，云性，云一心，皆囿于吾混焚一理之中，猶如太極生兩儀、四象、八卦，凡天地萬物之道，含容於一太極也。㊲

由上文可知，他們不但傾倒於理學，而且認爲理學就是繼孔、孟之道統者。曰：

譬諸儒宗，則文武傳之周公，周公傳之孔子，孔子傳之孟軻。孟軻之後，不得其傳。迨趙宋間，濂溪先生浚其源，伊洛導其流，橫渠助其瀾，龜山揚其波。到朱紫陽，集而大成。㊳

他們既把程、朱等人所倡理學視爲繼承孔孟之道統者，所以到了室町時代（一三三六～一五七三）末期，他們不僅競相學習儒學，更言：

以一心造化之妙，至性情之妙。正《四書》、《五經》之誤，作《集註》，作《易本義》，流傳儒道正路於天下者莫若朱文公。不以朱子爲宗，非學也。㊴

由此看來，日本禪林的宋儒觀與宋學觀，乃隨時代之推移而由批判轉爲推崇。此宋儒觀、宋學觀之變遷，因禪僧之親近理學而互爲因果，終於開展了禪林文學，㊵給日本的漢文學研究寫下最輝煌的一頁。

## 四、日本禪林三教一致論的形成

前文已說，理學與禪之教理靈犀相通，其作爲實修之居敬窮理與禪之打坐見性有一脈相通之處，故容易使禪僧理解而使其有親近感。因此，北礀居簡、癡絕道沖、無準師範等名僧無不言儒釋不二，持包容儒學之立場，而此一立場，遂成爲宋代禪林之風潮。當理學隨著禪宗東傳日本時，這種風潮也自然隨著東傳，並且受東渡華僧們與來華學佛之日僧們的影響，在日本造成研究理學之風氣。

日僧夢窗疎石雖告誡其弟子們，如忘卻出家人之本分而一味研究儒學者皆是剃頭俗人而不足以作下等，但這並不表示他完全否定學儒書。因爲他曾說過：身爲禪僧者不僅要學禪門的種種事，就連教門的設施乃至孔、孟、老、莊之教，外道世俗之論，亦非知不可，㊶而認爲有修習各學之必要。竺仙梵僊則曾就學佛道與文章之關係作說明曰：

但以道爲大事，以文助之，乃可發揚。凡世間一切，不可嗜而執著之。道法雖大事，然若嗜而執著，成偏僻，爲法塵，況文章乎。然譬如人食，有飯乃主也，若復有羹，方爲全食。無羹之時，未免咽滯而少滋味。以道之飯，得文之羹，百家技能爲菜爲饌，斯爲妙也。㊷

此言凡事不可執著，即使道法，亦復如此。必須如飯之有羹，且以百家技能爲菜爲饌，方纔爲妙。義堂周信的看法是：

君子學道，餘力學文。然夫道者，學之本也；文者，學之末也。……上人其爲學之本乎？將其爲學之末乎？老杜以文章自負者尚不曰乎？文章一小伎，於道未爲尊。念哉！㊸

而告誡其晚輩。義堂又認爲：

> 一文一藝，空中小蚋，此梁亡名子之言也。文章一小伎，於道未爲尊，此唐杜甫子之言也。如二子言，則文章與夫道遠者明矣！而《雜華經》則說：菩薩能於離文字法中出生文字。又說：雖隨世俗演說文字而恆不壞離文字法。子劉子則說：心精微發而爲文，如此二者說，道固不外乎文字矣！㊹

義堂以爲：如從自利向上之第一義而言，就應將文章加以否定，從利他向下的立場來說，則在不執著於文字的條件下予以肯定。且言禪僧學詩文之本義與功用云：

> 凡吾徒學詩，則不爲俗子及第等，蓋七佛以來，皆以一偈見意。一偈之格，假俗子詩而作耳，諸子勉之。又，詩有補於吾宗，不翅金咏矣！㊺

義堂認爲自禪宗七祖以來皆以一偈見修道者之意，而此偈乃藉俗家人之詩的體裁來作，所以要其晚輩勉力學習。他更認爲：

> 凡孔孟之書，於吾佛學，乃人天教之分，齊書也，不必專門，姑爲助道之一耳。經云：法尚可捨，又何況非法。如是講則儒書即釋書也。㊻

據此觀之，義堂是唯以人天教分取儒，而在根本上是儒、釋、道三教一致。職此之故，儒、道兩家所言者莫不蘊含於佛教心中。所以他說：

> 以吾心法之量而推之，彼二氏者太極、元氣云云者，亦皆蘊在其中矣！㊼

儒教既然蘊含於佛教之中，那麼，儒教應是人間教，所以當要教化世人時，就應由儒教進入佛教，亦即以儒教爲進入佛之階梯曰：

> 先告以儒行，令彼知有人倫綱常，然後敎以佛性，悟有天眞自性。㊽

可見義堂敎導其弟子時曾嘗試儒的敎化，亦即以儒教作爲弘揚佛教之助。他所倡之儒教在於修養人倫綱常方面，而他所以修習儒書的目的當在於此。

既然在禪林中有人認爲儒教是進入佛教的階梯，以儒教爲弘揚佛教之助，此可證明他們肯定學儒之價值。於是京都東福寺僧侶友山士偲遂公然認爲：

> 夫詩之道也者，以修一心爲體，以述六義爲用。所謂曰思無邪者，蓋指一心之體也；移風易俗者，登六義之用也。以要言之，三敎所談所說，不過體與用耳。然則作詩製文，於道有何害耶？㊾

友山此種於道無害的儒學觀未嘗不可視爲詩禪一味論的萌芽。時代較義堂、友山稍晚的仲方圓伊對禪僧學詩文的看法是：

> 譚者曰：詩之所以作也，不亦難矣哉！該淹今昔，融液物象，而十科、四則、三造、六關、十三栝、廿四品，能正厥聲律也，能盡厥調度也，然後始可得言詩已矣。吁！隘矣！斯論。㊿

此言世俗詩論之狹隘。然後又言禪僧之詩應該如此云：

> 夫詩猶吾宗具摩醯眼，此眼既正，則一視而萬境歸元，一舉而群迷蕩迹。所謂性情之發，不約

而自然正焉。科品云乎哉，聲度云乎哉，然則能禪者，而可以能詩也。[51]

亦即只要從事禪之修行，具摩醯眼，即開正法眼——眞理之眼，則即使不勞心於科品聲律等規矩，也自然能作合乎此種條件的詩文來。易言之，要能禪，方能做出好詩。所以他對禪僧賦詩作文的態度雖比較消極，卻於舉「古曰：文有二道，曰著述者，曰：比興者」[52]之後說：

凡二者之爲也，雖非吾曹之專門，而黼黻（文章）宗教之一助，是亦不可偏廢者也。[53]

仲方認爲詩文爲禪道之一助，反對一概禁止。至於曾以居座[54]身分，於明憲宗成化三年（一四六七）隨其正使天與清啓來華朝貢，六年後東返的桂菴玄樹對此一問題的看法是：

禪與詩文一樣同，紫陽今不可無翁；當軒坐斷熊峰上，四海空來雙眼中。[55]

而認爲禪與詩文相同，可以兼學。在此情形之下，言文字者便成爲禪僧，尤其是以京都、鎌倉之五山、十刹爲中心的臨濟宗禪林之緒餘，其儒學研究的地位便取代了前此執日本漢文學之牛耳的公卿貴族。[56]在此情形之下「儒亦近來多廢業，螢螢飛入定僧衣」[57]。

由上文可知，禪僧在中世時的學術研究，已取代公卿貴族而成爲領導階級。禪宗的宗旨原是「教外別傳，不立文字」，卻居然認爲作詩製文對禪門有益，於道無害。那麼，他們對儒學本身的見解如何？

虎關師鍊雖斥朱晦菴非醇儒，卻認爲儒釋兩敎之本源相同而異，[58]儒之五常與佛之五戒名異而義齊。儒釋之同異，只是六識之邊際，至於七識、八識，儒無分焉。[59]曾於元成宗大德十年（德治元年，一三〇六）來華習佛的雪村友梅則認爲：

天下無二道，聖人無兩心。心也者，周乎萬物而不偏，卓乎三才而不倚，可謂大公之言，中正之道也。竺土大仙證此心而成道，魯國先儒言此道而修身，以至治國平天下，致知格物之理，若非統此而全之，其成功也難矣哉。故知道之所在，在天下則天下重，在一芥則一芥重。舜何人也，晞之則是妙悟玄契，何所往而不重也哉！⑹

此言道在證悟心，心證悟則道成，而其所言者無不根據《大學》之八條目。亦即此乃將《大學》之明明德與禪之見性結合而成者。

中巖圓月亦認爲天下無二道，儒、釋兩教之相異者爲迹，世之學者見迹以爲道。儒、佛雖異，其迹本一。故云：

夫今之爲儒者，斥吾佛之道以爲異端；爲佛者，亦非彼儒術以爲外道；是偕泥乎其迹而未通其道耳。迹者，物也。物且未能盡，故泥焉，況乎道盡之哉！⑹

並且又認爲儒釋兩教之性情說相同曰：

孔子之道，與佛相爲表裏；兩性情之論，如合雙壁。⑹

更將佛之戒、定、慧與儒之禮、信、智相比曰：

誠乎內而正之，謂之定，定謐於靜，靜則有信，無信者何以定焉。形乎外而行之，謂之戒，戒齊於禁，禁則有禮，無禮者何心戒焉。以此道教之人，人從而效之之謂慧。慧，生於明；明，

生於知，無知者何以慧焉。㊅㊂

將佛之戒、定、慧與儒之禮、信、智相比擬者雖非始自中巖，惟前此僧侶只言其端，至此始說得明白，故此乃在儒釋調和史上值得注意者。64

義堂周信則將儒之五常與佛之五戒視爲相同曰：

在儒仁、義、禮、智、信，在釋不殺、不盜、不婬、不妄、不酒。儒謂之五常，釋謂之五戒，其名異，其義同。65

程伊川言「不偏之謂中，不易之謂庸」。中者，不偏不倚，無過不及，如處四方之中，其靜如止爲中，其動中節爲和，爲性，爲理；庸者，爲常，爲不易之理。因此，義堂復就和的問題倡儒、釋兩教之融合曰：

夫和之爲義也，其說可考。儒氏則曰：禮之用，和爲貴。蓋言禮不以和濟焉則煩，和不以禮節焉則流。禮之與和，得乎適中，而後可以行於己，可以施於人，是儒氏所以貴乎和也。佛氏則曰：梵言僧伽，華言衆和合，而有理和焉，有事和焉。曰：戒和則同修，見和則同解，身和則同住，利和則同均，口和則無諍，意和則同悅，謂之六和，是事和也。曰：證擇滅，擇滅則無爲，是理和也。曰事，曰理，二者咸和，則何道而弗成，何事而弗辨，是吾佛氏所以貴乎和也。於虖！和之道大矣哉！天地和而陰陽泰矣，山川和而草木蕃矣！五行和而氣候均矣，君臣、父子、夫婦、兄弟、朋友之類，皆和而後人道昌矣。儻或一弗和，則皆反是，云云。66

時代較義堂稍晚的正宗龍統則以「心」爲道之本而倡儒、釋兩教之一致。他認爲：只識其心雖有頓漸之別，但其所歸則一，佛之漸修法即是儒之修治法。因此他說：

> 夫心者道之本也，是故儒之道，治心修心者也；佛之道，明心悟心者，治與修漸也，明與悟頓也。心者，一也，治修明悟者。世，出世之異也，得道者皆大有慶矣。有慶者不一矣，生而有得者，老而有得者。生而得者，夙植也；老而得者，今修也。其修者，始之以至誠，中之以不欲速，終之以不懈。茲三者備，則欲無慶，不可得也。[67]

正宗又認爲儒之五常與佛之四德——常、樂、我、淨相同，故言此二教所說者俱歸諸「常」之一字曰：

> 五常，儒之宅也；四德，佛之廬也。其宅也，以仁爲天，以信爲地，以義爲四方牆壁，以禮爲出入門戶，然而智爲之主。衆才之所取弗離，斯五矣！其廬也，常也者棟梁、椽瓦而蓋其頭，淨也者床坐、裀褥而斂其足，樂也者甘露食而拄其肚。諸聖稱我，我能爲萬象主，樂工之所用，咸出自斯四矣！故儒、釋之道，一以貫之，云云。儒以常束之一爲名，各顯名也；佛以常冠其首，次之以終與中（以下恐有脱漏）。夫常在靈山，迺眞我也，不是能仁與智衛身矣乎？仁智之樂從之，淨由戒爲本，不是自信而人矣乎？義禮之訓從之，則雖四之五之，惟常而已矣！[68]

此乃以儒家之仁、義、禮、智、信五個德目，與釋家之常、樂、我、淨四德相比擬，而其所言者在根本上似較當時五山之其他諸僧更能作根本的探討，且其所論者亦極爲明白。至其以心爲儒教之根本的說法，應是根據程、朱之說而來。㊾

日域禪僧在宋儒新說東傳之初雖對朱子有所批判，然至後來卻認爲儒學對修道有益，在不妨礙修道的情況下可以兼學，且認爲儒、釋兩教有許多契合處而倡它們倆之一致。在此情形下遂有人言：

古今學儒書者，排斥佛經；學佛經者，排斥儒書；是世之常，而共不辨其理也。釋尊生中國，設教則如周、孔；周、孔生西天，設教則如釋尊。儒、釋元來不涉二途，如鳥雙翼，似車兩輪也。㊿

既然儒、釋兩教如鳥雙翼、似車兩輪，則此兩者必須並存，不可偏廢。因此，也纔有人說：

子程子曰：中者，天下之至道也；庸者，天下之定理也。此公若能根中庸之道，而不偏不倚，無過不及，則天下之爲道也，理之爲理也，含蓄乎方寸之中也。然則聖賢豈在外乎？且又到吾釋氏中庸者，中道實相也。若離有無二見，到中道實相，則佛祖豈在外乎？以佛祖之奥義，聖賢之正道，嚮外馳求，則其名豈當實乎？懋哉！懋哉！(71)

而認爲只要領悟中庸之道，便可與聖賢齊其德，終臻於佛祖之地位。於是原爲方便弘通禪宗而研究儒學的，竟把它當作目的而樂此不疲，終於導致崇拜排佛者——朱熹之風氣昂揚。如桃源瑞仙所謂：

曾子傳孔子之孫子思，子思傳孟子，孟子歿而言性之事絕而不傳，故漢儒終不知性，而至宋儒始興之。……自宋濂溪先生周茂叔言太極後，始傳之二程。自二程至朱晦菴，而儒道一新。(72)

即可證明這一點。

## 五、結　語

上文乃就日本禪林接受宋代性理之學的心路歷程作一番考察，從而發現在宋儒新說東傳之初，他們不僅未全面加以接受，竟有人對朱子持批判的態度，斥他非醇儒。惟至後來則認爲朱子能補苴罅漏，鉤玄闡微而可以繼周紹孔，流傳儒道正路於天下，不以朱子爲宗，非學也，而對晦菴五體投地，從而形成他們的儒、釋二教一致觀。結果，原爲方便弘揚禪宗而研究儒學的，竟把它當作目的來研究而樂此不疲。他們的這種宋儒觀與宋學觀，乃隨時代之推移而由批判轉變爲推崇。而此宋儒觀、宋學觀之變遷，乃與禪僧之親近理學而互爲因果，終於開展了禪林文學。迄至後來，則竟有如京都相國寺僧藤原惺窩，建仁寺僧林羅山之走出寺院，以世俗身分來發揚程、朱之學，使日本禪林的儒學研究向宋學研究邁開了一大步。所以日本的宋學研究，係以禪林文學的長年研究之成果爲基礎，中世的禪林文學，與近世的儒學研究是連續的。

當藤原惺窩走出寺院後，不僅確立了日本近世儒學發展的契機，其門下也還出了林羅山、松永尺五、那波活所等俊秀，使其中世隸屬於禪林的儒學解放出來。至其元祿（一六八八～一七〇四）、享保（一七一六～一七三六）之間有長足進展。而身爲祭孔官，又負責幕府文教工作的林家，則以朱子學爲官學（正學），與古學派的伊藤仁齋、荻生徂徠（異學），陽明學派的中江藤樹（異學）相拮抗。

而他們就在朱子學派、古學派、陽明學派、折衷學派等名義下，使日域的哲學進步神速。即使以通俗爲其宗旨的心學派，也都受宋儒學說之影響。此乃由於理學重人倫、知行合一，及行學一致，而與日本人士向來重視之所謂日本精神大致相同，故頗獲彼輩之共鳴，乃致力於闡揚，使之日本化，以期適合於彼邦之風土人情。因此可說，日本近世思想史的泰半是由理學來充實的。

在另一方面，由於當時的日本禪林之讀書風氣興盛，就要有許多圖書來因應其需要，所以不僅從中國進口大量的漢籍，在日本禪寺之間遂有人以進口圖書爲藍本，開版印刷，使之廣爲流通。惟他們的出版品並不以營利爲目的，故其資金多勸募而來。然而間亦有人仿元代書肆，專爲營利而開版，故其所出之書，不似禪門之侷限於內典而各類書籍都有。於是非但使日本模仿中國版的五山版圖書之問世達到高潮，而那些以射利爲目的而印書者，也成爲日本書肆之先河。但在刊印那些圖書時，華人刻工之功不可沒。㊆

〔註釋〕

①：芳賀幸四郎、《中世禪林の學問および文學に關する研究》（京都，思文閣，昭和五十六年十月），頁二二。

②：芳賀幸四郎，前舉書頁二四。

③：玉村竹二，《五山文學——大陸文化紹介者としての五山禪僧の活動》（東京，至文堂，和四十一年五月），頁五一～五二。蔭木英雄、《五山詩史の研究》（東京，笠間書院，昭和五十二年二月），頁二五～八八。

④：《會元續略》卷三、《續傳燈錄》卷三六、《增續傳燈錄》卷三。

⑤：《日本建長寺竺仙和尚塔銘》、《建長寺竺仙和尚行道記》、《本朝高僧傳》卷二七、《延寶傳燈錄》卷五、《扶桑五山記》卷二、三、五。

⑥：玉村竹二，《禪の五山文學》，收錄於《日本禪宗史論集》上（京都，思文閣，昭和五十五年一月），頁一〇二七。

⑦：玉村竹二，《五山禪林の文藝》，收錄於註六所舉書頁九三四～九三五。

⑧：玉村竹二，《禪林文學の沿革》，收錄於註六所舉書頁一〇二七～一〇二八。

⑨：夢窗疎石，《語錄》附錄，《三會院遺誡》。

⑩：《明極和尚塔銘》、《日本名僧傳》、《延寶傳燈錄》卷四、《本朝高僧傳》卷六、《扶桑五山記》卷二。

⑪：明極楚俊，《明極錄》《三教圖贊》。

⑫：足利衍述，《鎌倉室町時代之儒教》（東京，有明書房，昭和四十五年五月），頁二〇八。

⑬：明極楚俊，《明極錄》《狼山莫藏主仲芳字說》。

⑭：《清拙大鑑禪師塔銘》、《本朝高僧傳》卷二五、《延寶傳燈錄》卷四、《日本名僧傳》。

⑮：清拙正澄，《蟬居集》《示足利象先居士法語》。

⑯：清拙正澄，前舉書《一溪說》。

⑰：《日本建長寺竺仙和尚塔銘》、《建長禪寺竺仙和尚行道記》、《本朝高僧傳》卷二七、《延寶傳燈錄》卷五、《扶桑五山記》卷二、三、五。

⑱：竺仙梵僊，《來來禪子集》〈歸源說〉。
⑲：清拙正澄，《天柱集》〈送裔舜〉。
⑳：鄭樑生，〈宋代理學之東傳及其發展〉（《國立中央圖書館館刊》新二十五卷一期，民國八十一年六月）。此文亦收錄於鄭氏《中日關係史研究論集》三（臺北，文史哲出版社，民國八十二年二月），頁一～五一。
㉑：同前註。
㉒：同前註。
㉓：中巖圓月，《東海一漚集》卷三，〈與虎關和尚〉。
㉔：虎關師鍊，《濟北集》卷二〇，〈通衡〉之五。
㉕：同前註。
㉖：義堂周信，《空華日用工夫略集》（東京，太洋社，昭和四年四月），永德元年（一三八一）九月二十二日條。
㉗：義堂周信，前舉書永德元年九月二十五日條。
㉘：竺仙梵僊，《天柱集》〈示中岩首座〉云：「如中巖者，學通內外，乃至諸子百家，天文，地理，陰陽之說，一以貫之，發而爲文，則郁郁乎其盛也。」師蠻，《本朝高僧傳》卷三二，〈中巖傳〉則曰：「中巖，錯綜三藏，收其秘詮，驅逐五車。嗜厭肥潤，揮言萬言立就。胸中槖籥，動而愈出。本朝緇林，有文章以還，無抗衡者，可謂空前絕後也。」
㉙：中巖圓月，《中正子》〈敍篇〉。
㉚：中巖圓月，《東海一漚集》〈辨朱文正公易傳重鋼之說〉。

㉛：中巖圓月，《中正子》〈問禪篇〉。

㉜：仲方圓伊，《懶室漫稿》卷五，〈野橋梅雪圖詩序〉。

㉝：翺之慧鳳，《竹居清事》〈晦菴序〉。

㉞：鄭樑生，《元明時代東傳日本的文獻——以日本禪僧爲中心》（臺北，文史哲出版社，民國七十三年八月），頁一三四。

㉟：翺之慧鳳，前舉書〈太極圖說〉。

㊱：芳賀幸四郎，前舉書頁六六。據芳賀之研究，德山宣鑑接得修行者，常縱橫用棒云：「得道三十棒，不得，三十棒，速向道，速向道。」臨濟義玄則以一喝兩喝作用全體，而以四喝爲有名。因所謂四喝者「有時一喝金剛王寶劍，有時一喝如踞地獅子，有時一喝如揮竿影草，有時一喝不作一喝之用」。所謂「禾山打鼓」，乃禾山無殷之因緣。《碧巖集》第四十四冊云：「僧出問：如何是眞過？山云：解打鼓。又問：僧出問：如何是眞諦？山云：解打鼓。又問：不問即心即佛，如何是非心非佛？山云：解打鼓。又問：如何接向上來之人？山云：解打鼓」。乃從頭到尾的解打鼓。所謂石鞏之弓者，原爲獵人的石鞏，偶然與馬祖道一相遇，因而修禪，終爲馬祖之法嗣。當修行者入室時，石鞏常將弓拉得有如滿月，且上箭以瞄之，言：「看箭」以接得。德山之棒，臨濟之喝，禾山之打鼓，石鞏之弓，其接得手段雖異，卻是禪之整體作用，當體之本身。

㊲：季弘大叔，《蔗軒日錄》，文明十七年（一四八五）九月二十六日條。

㊳：桂林德昌，《桂林錄》〈除夜小參〉於論禪宗之道統後所發之言。橫川景三亦在其《補菴京華集》卷一，〈程明道〉條謂：「自孔、孟以來唯二程。」

㊴…笑雲清三，《古文眞寶鈔》前集，〈朱文公勸學文〉。

㊵…鄭樑生，前舉《元明時代東傳日本的文獻——以日本禪僧爲中心》，頁一三五～一三六。

㊶…夢窗疎石，《夢中問答》卷中。

㊷…竺仙梵僊，《竺仙梵僊語錄》下，〈問答〉。

㊸…義堂周信，《空華集》卷一六，〈錦江說·送機上人歸里〉。

㊹…義堂周信，《空華集》卷一七，〈文仲說〉。

㊺…義堂周信，《空華日用工夫略集》，應安二年（一三六九）九月二日條。

㊻…義堂周信，《空華日用工夫略集》，應安四年六月三日條。

㊼…義堂周信，《空華集》卷一五，〈以淸說〉。

㊽…義堂周信，《空華集》卷一一，〈演宗講主序〉。

㊾…友山士偲，《友山錄》卷二，〈跋知侍者送行詩軸〉。

㊿…仲方圓伊，《懶室漫稿》卷三，〈寄得中座元詩序〉。

(51)…同前註。

(52)…友山士偲，註五〇所舉書卷二，〈夕佳樓詩後序〉。

(53)…同前註。

(54)…有明一代，日本遣貢舶來華朝貢時，爲使其使節團有一定編制，故除正、副使外，尙有居座、外官、從僧等幹部，及人伴（隨行人員，包括商賈）、水手、通事等。居座即當時使節團的職稱之一。他綜理一船之事務，有如今日之船長。

55：桂菴玄樹，《島隱集》上，文明丁酉（一四七七）年條。

56：仲方圓伊，《懶室漫稿》卷八，〈送義山上人序〉云：「（日本）國朝二百年以來，斯道稍衰，名教殆壞。朝廷不以科而取人，而士亦無世守之業，只存官員而已，不復問其人之才否。繇是學問之道益大廢矣。言文字者，吾徒者之專門也。」

57：雪嶺永瑾，《梅溪集》〈螢入僧依〉。

58：虎關師鍊，《濟北集》卷二〇，〈通衡〉之五云：「夫道者理也，述者事也；儒之斥老莊者迹也，其道不多乖矣。有仲尼之質，而言玄虛者老莊也；有老莊之質，而言名教者仲尼也。」

59：虎關師鍊，前舉書卷一八，〈通衡〉之三。

60：雪村友梅，《岷峨集》卷上，〈三條殿頌軸序〉。

61：中巖圓月，《東海一漚集》卷三，〈道物論〉。

62：同前註。

63：中巖圓月，《中正子》〈戒定慧篇〉。

64：足利衍述，《鎌倉室町時代之儒教》，頁二五八。

65：義堂周信，《空華日用工夫略集》，永德二年（一三八二）十二月九日條。

66：義堂周信，《空華集》卷一七，〈和仲說〉。

67：正宗龍統，《禿尾長柄帚》〈慶霄字說〉。

⑱：同前註。有關儒家五常的問題，仁如集堯在其《縷冰集》卷下，〈信甫號〉裏說：「儒家者之五常，以信爲本矣。仲尼曰：人而無信，不知其可也，大車無軏，其何以行之哉！信之義大矣哉！云云。在吾釋典裏專說之：佛法大海，信爲能入。五十位往行向地，以十信爲階級。」

⑲：足利衍述，前舉書，頁四二一。

⑳：西笑承兌，《南陽稿》〈周易跋〉。

㉑：南化玄興，《虛白錄》卷三，〈中巖〉。

㉒：桃源瑞仙，《雲桃抄》〈報本章〉。

㉓：參看鄭樑生，註㊵所舉書。

# 日本五山禪僧的儒釋二教一致論

## 一、前言

一般說來，唐代以前的中國佛教之各宗派雖尚能比較純粹的保持其獨自的存在，但至宋代以後，卻有各宗派逐漸相互融合的傾向。就以禪宗為中心而言，即是華嚴宗與禪宗的融合。例如華嚴宗之五祖圭峰宗密（七八〇～八四一）不僅曾經師事禪宗的一個支派——荷澤宗之遂州道圓，及其師刑南惟忠與其法嗣奉國神照學禪而有所悟，而且著有教禪一致之意味濃厚的《起信論注疏》、《原人論》、《禪源諸詮集都序》等，由此可窺知華嚴宗與禪宗融合之情形。就禪宗與淨土宗而言，它們雖立於自力與他力的兩個極端，然在宋代卻已有彼此融合的跡象。迄至宋末至元代，此一傾向愈益顯明。及永明延壽（九〇四～九七五）出，他非但參天台德韶而獲禪之印可，而且從事弘揚淨土之業，更有從禪的立場來撰寫之《宗鏡錄》百卷，及從淨土的立場來論述之《萬善同歸宗》六卷。職此之故，當禪宗於南宋末年從中國東傳日本時，這種禪宗與他宗融合的傾向之影響也傳至日域，乃自然趨勢。而日僧辨圓圓爾之於其來華東歸之際，不僅攜回佛教關係的一般經論章疏，也還帶回天台、華嚴、淨土關係的經論章疏，即表示辨圓身爲禪僧，卻立於教禪一致的立場，及對內典所表示的關心之深厚。

由於日本禪宗在其東傳之初即受到中國禪院之教禪融合與學解的傾向之深厚影響，所以日本禪林不但像華僧一樣的有深厚之理論的精神與求知欲望，而且當此理論的精神興起，求知欲旺盛而思辨的態度被加強時，其所研究的對象便不侷限於內典而擴及外典。在這種情形之下，日本禪宗之敎乘禪的傾向便形成一股伏流。而此伏流更帶動了對內典研究所表示的關心，從而和時代之開展與其他各種契機結合在一起，終於成爲促成他們研究外典的風氣。而此一風氣，竟也使他們像華僧一樣的懷有儒佛不二之思想。①

## 二、中國禪僧的儒教觀

自從菩提達磨於西元五二〇年前後到北魏首都洛陽以後，禪宗便從印度東傳到中國。迄至宋代而臻於全盛，成爲最富於華夏色彩的佛教宗派之一。因此，當時中國人之與禪僧交遊者多，此可由曉瑩禪師之《雲臥紀談》、《羅湖野錄》，文瑩禪師之《湘山野錄》、《玉壺野史》，方勻之《泊宅編》，曾敏行之《獨醒雜志》等北宋人留下之各種紀錄窺見其端倪。

朱晦菴雖排佛，但他之曾向天目山之文禮禪師問「敬」之義，且珍重大慧禪師之《語錄》，乃衆所周知之事實。而朱子學之得自禪教者，全在其心性說。禪乃心性教，朱子之所以以心之本體爲虛靈不昧而具衆理以應萬事；以心爲萬事之根本，萬事之出發點者，即是受禪之影響的結果。朱子將《論語》之「一」與《大學》之「明德」，《中庸》之「中」解作「心」，並以孟子之性說與《六經》中言及心性的詞語來補正，從而立其學說。②

朱子學與禪俱以明心之本體爲其重點，其歸趨雖然相同，但其所經途徑卻異，亦即禪因不立文字，故雖有修養功夫，卻不從事學問研究。朱子學則非但從事學問研究，也還顧及修養功夫。禪之修養以坐禪爲主，而以心傳心，頓悟見性爲宗；朱子學則在格物致知（窮理）、誠意，以明虛靈不昧之本體。其修養雖也從事靜坐，卻專以居敬爲宗。當其修養一旦豁然貫通，便與禪之見性相同。就目的、立足點而言，它們兩者之間也有很大的差異，亦即朱子學以有——入世爲其立足點，禪則以無——出世爲其立足點。因此，前者除以智德不離，居敬窮理，以成德之外，小則從事庶民之教化，大則以舉治國平天下之實爲其目的，禪則沒有。由此可知，朱子學乃取禪之靜坐禪定而加以儒化，以爲儒教所欲達到之目的的治國平天下之基礎，亦即將它作儒教的改良，賦予儒家之主要目的的知識研究，使之具有實際的，世間的要素。③

在宋代新儒學未完成之前，雖有魏鶴山、眞西山等人喜愛禪而與禪僧交往，但士大夫之親近禪者卻沒有佛徒之學儒者那麼多。僧侶之接近、研究朱子學，以求儒禪之調和的有天台宗之無外智圓，與禪宗之了元佛印、佛日契嵩、闡提惟照、大惠宗杲等人，而以無外智圓、佛日契嵩的影響最深。智圓乃天台宗之碩學，閑居杭州之孤山而與林和靖有深交。他不僅喜愛儒教，且以它爲世間必需之教。故認爲即使身爲佛徒，如不學儒，便非眞佛徒。他在衆多儒書中最爲尊崇《中庸》而自號中庸子，以爲《中庸》之「中」與佛之「中道」是一致的。契嵩亦喜愛儒學，傾心於研究《中庸》而著有《中庸解》，並且曾經爲文批判韓愈之排佛論，更與歐陽修論難而著《補教編》以倡儒釋之一致。曰：

心之謂道，修道之謂教。教也者聖人之垂跡也，道也者衆生之大本也。④

又曰：

佛言性，性則易與中庸云矣！而無用佛爲。⑤

身爲佛徒而居然有此言論，可見他是如何的醉心於儒學。

朱子以後至宋末的禪僧中研究宋儒新說者頗多，例如：北磵居簡、癡絕道沖、無準師範等人即是其中佼佼者。他們認爲禪的頓悟就是窮理，見性即是盡性，而舉出儒釋兩教的一致處與相似處，以證明此兩教一致而彼此不相悖，而藉儒家之說以弘揚其教。例如北磵所謂：

志乎學，隱然得之於中。東海有聖人出焉，此言合也，此理合也；西海有聖人出焉，此言合也，此理合也。故萃天下之書，使天下善學者博觀約取，離其所離，合其所合也。⑥

又謂：

大乘之書五部，咸在釋氏，所以破萬法者也。爲《詩》，爲《書》，爲《禮》，爲《易》，爲《春秋》，則聖人所以妙萬法者也。初以《般若》破妄顯眞，則《詩》之變風變俗也。次以《寶積》顯明中道，則《書》之立政立事也。次以《大集》破邪見而正護法，則《春秋》明褒貶，顯列聚，大中之道也。次以《涅槃》明佛性，神德行，則《中庸》之極廣大而盡精微也。次以《華嚴》法界圓融理事，則《易》之窮理盡性也。⑦

此係將儒家之《易》、《詩》、《書》、《禮》、《春秋》五種經典，與釋家之《般若》、《寶積》、《大集》、《涅槃》、《華嚴》五種經典相比擬而認爲它們的旨意相同，儒釋兩家所主張的內容一致。癡絕則謂：

儒者曰：君子深造之以道，欲其自得之也。自得之，則居之安；居之安，則資之深；資之深，則取之，左右逢其原，故君子欲自得之也。大凡欲明箇事，須有自得之妙。然得心未忘，則不能居之安；居安之地不脱，不能資之深。果能忘其所得之心，脱其居安之地，不住資深之域，始能左右逢原矣。左右逢原，則自得之妙，居安之地，資深之域，皆爲吾之妙用。⑧

天理有靈爲知，流行於宇宙，天命於人爲性。知，賦之於心爲良知，人稟此良知以應萬事萬物，自能左右逢源，無入而不自得。⑨因此，癡絕所説者乃根據《孟子》〈離婁篇〉所記載孟子之言：

君子深造之以道，欲其自得之也。自得之，則居之安；居之安，則資之深；資之深，則取之左右逢其原，故君子欲其自得之也。

而發抒其意見，亦即他將《孟子》〈離婁篇〉所記載的孟子之言作禪的解釋，將左右逢源的境界視如佛教頓悟見性之境界，以融合儒釋兩教之一致。

《四書》之教，以修身爲中心，身修之後，庶小可以齊家，大可以治國平天下。故孟子曾言：「君子之守，修其身，而天下平。」⑩先儒以天爲理所從出，心爲人之主宰，心受理於天爲性。格物，所以知性，窮理，所以盡其心之明。人得天之理，存其心，養其性，以行其道。⑪心有人心與道心，雜私欲者爲人心，不雜私欲者爲道心，道心即天理。人心得其正爲道心，道心失其正則爲人心。去私欲即去過分之欲，是爲正心（意誠），即返於天理（明德之境）。就官吏言之，以愛民爲明德，若參以愛財之心，則貪污不正。如欲爲好官，則必需除其愛財之欲念，歸於正道。職是之故，人求達其至善之境，需以修身爲本，其工夫則爲正心。人以心爲主宰，心有意念，意念所發，則及萬事萬物，而以良知加以認識。故《大學》〈經一章〉所謂「格物致知」爲正心之工夫，正心爲修身之工夫。⑫其程序爲：物格而後知至，知至而後意誠，意誠而後心正，心正而後身修。因此，癡絕又根據《孟子》〈盡心篇〉所記載之文字，雜以佛家語來說明學道之要在於正心、修身曰：

學道之要無他，修身、正心而已。身之不修，折旋府仰，動用周旋，踰規越矩，陷邪僻之域。心之不治，境風捲地，識浪翻空。前念未終，後念隨至，心有蕩而不反之患。⑬

亦即癡絕認爲人的欲望過分，心必爲其所蔽，良知因而失其明，是非無可辨別。是非無可辨別，良能更無從施其眞情，而身無由立。儒家之道，以修身爲本，去過分之欲。心正，身乃得立。身有所忿懥，則不得其正；有所好樂，則不得其正；有所憂患，則不得其正。⑭癡絕的這種觀念乃完全根據儒家之說法而來。就無準師範而言，他也曾謂：

大匠不巧，大儒不學，動輒中方圓，舉皆成禮樂。堪笑鄉村賣卜人，徒勞鑽破烏龜殼。⑮

而認爲使「心明」就是儒釋兩教的一致處。人以心秉良知之質，用其耳、目、口、鼻感應萬事，無不如鏡之照物。但如心雜以私欲——過分之欲，便如鏡之蒙塵，其所感應之物，將不得其正。無準非僅認爲使「心明」是儒釋兩教的一致處，但也嘲笑佛徒之一味鑽研儒學而忘卻出家人之本分。

由於當時的部分華僧懷有儒釋一致之思想，而在那以後東渡日本定居的蘭溪道隆、兀庵普寧、無學祖元等高僧，或來華學佛的日本禪僧們多曾受教於癡絕、無準等名衲的門下，所以當這些教乘禪的傾向濃厚之禪僧們東渡或回到日本以後，其促使日本禪僧之對內典研究表示關心，從而促使他們學習、研究外典的風潮，乃自然趨勢。結果便有人說：

〇夫儒之五常與我教之五戒，名異而義齊，云云。儒釋同異，只是六識之邊際也，至七八識，儒無分焉。⑯

〇古今學儒者排斥佛經，學佛者排斥儒書，是世之常，而共不辨眞理也。釋尊生中國，設教則如周、孔；周、孔生西天，設教則如釋尊。儒釋元來不涉二途，如鳥雙翼，似車兩輪也。⑰

當這種思想廣布以後，禪僧們修養體系中的儒學之比重便自然增加，研讀儒書正當化的理論根據也從而產生。此一事實終於成爲使日本禪僧步向外典研究的重要契機，使他們懷有儒佛一致或儒佛道三教一致的思想。

## 三、二教一致論的開展

禪宗之東傳日本，固在彼邦平安時代（七九四～一一八五）末期，隨著宋、日兩國交通逐漸頻繁，當時日本佛教界的部分人士對其佛教感到停滯而無進步，致有不少僧侶先後來華求新佛法之時，但其來學禪者之自動將禪移植日本，則在其鎌倉時代（一一八五～一三三三）初期。禪宗東傳後不久，日益興盛，迄至室町時代（一三三六～一五七三）就成爲日本佛教的主流。導致這種局面的原因，在於蘭溪道隆、兀庵普寧、大休正念等中國高僧受彼邦人士之聘，先後東渡，後來更有因聞日人篤信佛教而自動前往者。在這種情況下，遂使其鎌倉成爲「宋朝禪」的一大淵藪。⑱

日本禪宗是由於其僧侶來華學習，及由中國禪僧東渡彼邦時傳布的，而中國學術之東傳，則可能以後者之力量爲大。尤其當浙江普陀山僧侶一山一寧奉元成宗之命持詔東渡招諭日本，因受其公卿、武士之皈依而竟然不歸，除宗門外，也弘揚其他領域的學術，如：理學、文學、史學各方面的結果，日本禪林便開展研究中國學術之機運。此一時期適爲中國禪林世俗化的時代，故其作風也被原原本本的東傳日本，⑲從而播下促成日本禪林文學發達的種子，此乃由於以一山一寧爲始的禪林學術系統經虎關師鍊以後，主要由京都東福寺傳衍下去，而東福寺又是五山文學的大本營之一的關係。⑳因系出東福寺的禪僧具有古典主義的，研究學術的傾向，故出身該寺的僧侶便自然有擅長文學的，但鑽研學術者更多，如岐陽方秀、桂菴玄樹、文之玄昌等人即其代表。

與此相對的，在元末前往日本的華僧有清拙正澄、明極楚俊、竺仙梵僊等大師，他們都曾受元末偈頌運動的洗禮，㉑欲於日本佛教界推展文藝活動，乃以竺仙爲中心製作偈頌，雪村友梅、月林道皎、石室善玖、中巖圓月等僧侶，則組織一個友社來從事創作偈頌。㉒此一組織成爲五山文學的胚胎，而五山文學之雙璧——絕海中津與義堂周信，都曾受過這些高僧的熏陶。絕海的門派主要以京都建仁寺爲中心傳衍下去。他們均擅長駢文而富於詩的技巧。義堂的門流則大體以京都相國寺爲中心，作風平明而工於散文。㉓當時的日本禪林學習中國文學的情形既如此，又出現擅長詩文，學行俱高的僧侶，則其他禪僧之群起效尤，自屬必然。

由於禪宗標榜「教外別傳，不立文字」，以「禪定三昧」之行，「一超直入如來地」，一切皆得「自肯自得，冷暖自知」，而有如《臨濟錄》〈語錄〉所謂：「三乘十二分教，皆是拭不淨故紙。」認爲五千四十餘卷黃卷赤軸對修禪無甚裨益。但禪既是以體驗爲基礎的般若㉔之宗教，也是注重師徒相承的行之宗教，故它傾向於崇尙由卓越的個性所作具體表現之主體眞理甚於一般性眞理。由於禪宗比其他任何佛教宗派都看重崇尙以個性體驗出來的主體眞理，以心傳心，遞代傳法，所以每一位禪僧圓寂後，都由其弟子作比較正確的年譜、行狀及傳記，後來則將那些資料編纂爲傳燈錄。其故在於他們受到南宋時代中國社會的特色——朋黨對立的影響。㉕雖然如此，卻也可能受到南北朝正閏論㉖的微妙影響。此種根據姑且不談。但禪宗之分爲南北兩宗，而南宗禪再分化爲五家七宗，從而分得更多，則在各自爭取其正閏的情形下，他們之會作宗派圖——禪宗系譜，乃自然趨勢。同時，這也是主張自己之正統性時所必需的。相傳中國所爲現存最古老之宗派圖，是無準師範之弟子汝達所作〈佛祖宗派總圖〉，該圖目前典藏於京都東福寺，它可能由辨圓圓爾帶回日本。㉗

既然禪僧們注重師徒相承，又重視自己的正統性，影響所及，他們除佛家經典外，自然也對僧史、僧傳表示關心，而日本禪林也受此影響。因此，辨圓圓爾於元代來華學佛東歸時，方纔將《傳燈錄》、《廣燈錄》、《續燈錄》、《普燈錄》、《聯燈錄》、《五燈會元》、《僧史略》、《禪門正統》及其他許多與僧史、僧傳有關之漢籍帶回日本。辨圓之後也仍有許多有關此一方面之圖書陸續傳到彼邦，此事可由辨圓返日後東渡的華僧，或來華學佛回國的日僧所遺留的文獻窺知其一豹。他們得到這些書後，不僅加以研究，也還將其心得寫出來，如：岐陽方秀的《禪林僧寶傳不二抄》，椿庭海壽的《景德傳燈錄抄》等是。非僅如此，他們更有類同此一方面的創作，如：虎關師錬之《元亨釋書》，功浦洞丹之《釋門排韻》即是好例。

禪僧除研究僧史、僧傳外，也重視內典之研究。所以禪宗雖然標榜「教外別傳，不立文字」，不似天台宗之以《法華經》，眞言宗之以《大日經》爲其所依之經典，而以禪定三昧之功「一超直入如來地」，但相傳菩提達磨曾把《楞伽經》帶來中國，將它傳給慧可，而百丈懷海之撰《百丈清規》以定禪林規矩，即表示禪並未完全否定智慧與戒律。㉘中國禪林對《楞伽經》、《金剛經》等內典的研究，從禪宗發達之初期即已開始；而強調「慧」方面的教相與禪相接近、融合，這種傾向在唐末至宋代之間已經顯著。

當禪宗東傳日本的時期（一一七〇年頃），中國的教與禪，禪與淨土已經融合。因此，對教理、教相的關心隨著高昂，研究內典的風氣漸盛。這種風氣，也隨著禪宗之東傳而傳至日本。此可由首先將禪宗傳至日本的明庵榮西之台密兼修，八宗兼學，及在京都一帶奠定日本禪宗之基礎的辨圓圓爾之八宗兼學事獲得佐證。

中國禪林的特色之一，就是深受士大夫階級的影響。中國的士大夫多經由科舉爲官，但由於政權的隆替，既有在官場得意的，也有下野爲民的。而後者則間有因此失意而隱逸山林，終爲禪宗所吸引者。惟那些在野者未必都一直隱逸，俟得機會，又重返廟堂。當他們復仕後，或許仍不忘禪而予以關懷、愛護而將金錢、土地捐贈給禪寺。結果，禪僧便因此能過足衣足食的生活，有較多時間來讀書。㉙但禪僧中也有因科舉失敗才皈依佛門，在禪林求發展的，如：晦機元照、竺仙梵僊等人就是對仕宦死心方纔遁入空門的。㉚

中國禪林既深受士大夫的影響，則那些士大夫平日所作詩文之形式自然也會影響禪僧。禪宗既然標榜「不立文字」，詩歌、文章便與學問一樣，在其日常修養中是屬於次要的。惟當他們默坐澄心而有所領悟時，就非將自己所悟者，或精神的境界用文字來表達不可。譬如當要向別人表示自己的禪悟時，實很難以語言、文字來表達自己內心的境界。同樣的，爲師者欲以語言文字將自己內心的境界提示弟子以誘掖他們，此事在禪的本質上實不可能。㉛因此，禪，尤其是臨濟禪，乃重視棒喝等直指、直率的方式來表達自己之所悟。所以對崇尚體驗的智慧，重視禪機的祖師禪而言，這應該是第一義的傳達知識之方式。不過只要它倚靠這種直觀的傳達方式，則無論在時間上或空間上，其所傳達的範圍必有其囿限而相當狹隘。職此之故，禪僧們如欲將自己所領悟或所想的，廣泛的向一般社會表示，或將它傳諸後世，自非採取根據直觀所爲直指以外之方法不可。㉜不過就禪的本質而言，以概念符號作爲說明的傳達方式並不適合。因此，禪僧們自非尋求其他的傳達方式，亦即非採取以指示的象徵所爲之傳達方式不可。例如：永嘉眞覺的〈證道歌〉或〈寒山詩〉等，乍看起來似在記叙自然風物，其實是在歌詠其心地的風光或禪的宗旨。㉝所以禪僧們便把自己所領悟的，或自己的心境，用文字作象徵的表現或傳達而不作概念的表達。如許多禪僧的投機之偈，或《碧巖集》之雪竇的偈頌，無門關之無門的偈頌等即是好例。抑有進者，由於禪宗有長足發展的唐宋時代適爲中國詩文發達的黃金時代，而其自動皈依禪宗或給禪宗以各種支援或保護的，又大多是上流知識階層，所以禪僧們藉文字來表達自己意念的風氣便愈益增長。㉞迄至宋代，則興起每當禪僧們要當住持時，往往作入寺法語，而其周圍的人們也有作山門、諸山、道舊、法眷、江湖等疏來道賀之風習。並且當要將法號授與其弟子之際，也要作含有祝福與警誡策勵之意的字說給他。又當其從事送葬時，也非爲死者辦佛事，作法語不可。㉟在此情形之下，其所作偈頌或法語、字說的文字之巧拙，便成爲該禪僧之社會的評價之高低，從而文字的表現之巧拙竟成爲評價禪僧的標準，致原本應以道力之大小或道眼的明暗評價禪僧之功力的方式反而無人採用。於是禪僧們便除從事應有之修行外，也致力於研讀內典以外的外典或詩文，從而掀起研究外典的風潮。而此一風潮，也隨著禪宗之東傳傳至日本。

在禪林之間既掀起學習外典的風潮，有時自難免發生忽略其應有之修行而本末倒置之事。因此，義堂周信方纔說：

君子學道，餘力學文。然夫道者，學之本也；文者，末也。……上人其爲學之本乎？將其爲學之末乎？老杜以文章自負者尚不曰乎，文章一小伎，於道未爲尊。念哉！

而告誡其弟子應以學道爲首要，學道有餘力，才去學文。又說：

一文一藝，空中小蚋，此梁亡名子之言也。文章一小伎，於道未爲尊，此唐杜甫子之言也。如二子言，文章與夫道遠者明矣。而《雜華經》則說：菩薩能於離文字法中出生文字。又說：雖隨世俗演説文字而恆不壞離文字法。子劉子則說：心精微發而爲文。如此二者說，道固不外乎文字矣！㊲

義堂以爲如從自利向上之第一義而言，就應將文章加以否定；從利他向下的立場來說，則在不執著於文字的修件下予以肯定。且言禪僧學詩文之本義與功用云：

凡吾徒學詩，則不爲俗子及第等，蓋七佛以來，皆以一偈見意。一偈之格，假俗子詩而作耳，諸子勉之！又，詩有補於吾宗，不翅唫詠矣！㊳

他認爲詩文對禪門有益。岐陽方秀亦云：

一旦當有自證自肯處，到這裏，做詩也好，做頌也好，作文章也好。㊴

而認爲詩文有益於禪道。義堂、岐陽等高僧既認爲詩文對禪門有裨益，影響所及，日本禪林便更醉心於學習中國詩文而強調詩文之本義。彥龍周興云：

夫詩也，少陵之精微，老坡之痛快，餘無可學者，況本朝諸老乎。文也者，得筆於退之，得意於子厚，可也。宋元以後，不足把玩，秦漢以前可以取則矣！然詩而雖壓杜、蘇，文而雖折韓、柳，只一詩僧耳，一文章僧耳。參寥乎，覺範乎，祖宗門下之罪人耳。向上一著，行住坐臥，歷歷可驗。學者到此得些子力，則詩也，文也，不學而傳矣！蓋道雖多岐（歧），只在方寸，方寸不明而至道者，未之有也。㊵

他認爲在詩詞方面有杜甫、蘇軾，文章方面則韓愈、柳宗元而餘則無値得學者。即使其文名高於他們，也僅是一介詩僧或文章僧而已。故宋代禪僧覺範對詩學的造詣雖深，卻是一介詩僧而不値得爲禪僧，因此可說是禪的罪人。身爲禪僧者必需向上一著，無論行住坐卧，都要把禪門之事掛在心上，如能做到這一點，即使不學，也自能產生詩文。友山士偲則認爲：

夫詩之道也者，以修一心爲體，以述六義爲用。所謂曰思無邪者，蓋指一心之體也，移風易俗者，登六義之用也。以要言之，三教所談所説，不過體與用耳。然則作詩制文，於道有何害耶？㊶

而斷言作詩製文，於道無害，則此種言論未嘗不可認爲是詩禪一味論的萌芽。時代稍晚的景徐周麟更認爲：

古人以陶潛稱詩家第一達磨，所謂：采菊東籬下，悠然見南山，得非少林拈華之旨耶？參詩禪，安心豈有二乎？㊷

景徐周麟認爲像陶淵明似的經由作詩達到安心立命的境界，與因禪獲得安心者並無二致。所以他把禪僧之致力於詩文之事正當化。桂菴玄樹也持與景徐相同之見解曰：

又曰：

禪與詩文一樣同，紫陽今不可無翁；當軒坐斷熊峰上，四海空來雙眼中。㊸

詩亦如禪我可參，不侵正位好司南。南詢算老類童子，五十過來一二三。㊹

至於萬里集九則更曰：

詩熟則文必熟，文熟則禪必熟。㊺

而認爲只要詩文熟，禪便自然能熟，詩就是佛家的《般若經》。㊻

日本禪僧既然有詩禪相同的思想，認爲詩就是佛家的《般若經》，於是便開展了他們的儒釋兩教一致論。因此，下文擬就此一方面的問題作一番探討，藉以瞭解他們對儒家學說的看法。

## 四、二教一致論的內容

日本禪僧對儒教的看法未必每人都相同，惟他們多認爲儒釋兩教是一致的，茲以儒家所重視之修身、中庸、心性、仁等爲例加以考察。

### 1.修身

前文已說，朱子學與禪俱以明心之本體爲其重點，此乃因心爲人之主宰之故。心受理於天爲性，而格物所以知性；窮理所以盡心之明。由於性之內涵有欲與情，欲爲成己（私）；情爲予，爲成物

(公)。所以如果欲多於情，則人欲橫流，無惡不作。相反的，若情多於欲，則樂善好施而明德至善。㊼又，欲如過分，則心必爲其蔽，良知必因而失其明，無法辨別是非；良能更無從施其眞情。無從施其眞情，身便無由立。儒家之道，以修身爲本，去過分之欲，以求心正。心正，身乃得立。但如欲求本身健全，則必需由格物而致知。知至而後意誠，意誠而後心正，心正而後身修，身修而後家齊，家齊而後國治，國治而後天下平。㊽因此，人生在世，應去過分之欲，以求心正。孟子說：

養心莫善於寡欲。其爲人也寡欲，雖有不存焉者，寡矣！其爲人也多欲，雖有存焉者，寡矣！㊾

對此一方面的問題，日僧雪村友梅的見解是：

天下無二道，聖人無兩心。心也者，周乎萬物而不偏，卓乎三才而不倚，可謂大公之言，中正之道也。竺土大仙證此心而成道，魯國先儒言此道而修身，以至治國平天下。致知格物之理，若非統此而全之，其成功也難矣哉！故知道之所在，在天下則天下重，在一芥則一芥重。舜何人也，睎之則是妙悟玄契，何所往而不重也哉！㊿

人之氣質有高低，若心常爲私欲所蔽，或常爲障礙所阻，則其知便無法直接認識事物，無法瞭解其眞相。所以《大學》之修身以知爲起點。職此之故，知必須推極而認識之，而其道則在解除私欲或障礙，使其能夠直接至或感應事物。51道則在證悟心，心證悟則道成。就這點而言，雪村認爲儒釋兩教是一致的。他的這番話主要根據《大學》而發，無論格物致知也好，修身也好，治國平天下也好，無非《大學》八條目之言。亦即此言係結合《大學》之「明明德」與禪之「見性」而成者。

朱子訓「格」爲「至」，格物即使心直接「至」於事物，而去過分之欲，使事物歸於「正」而以良知來認識，因此，格物致知爲正心之工夫，正心爲修身之功夫。職此之故，只要心正，便能夠修身，既能修身，又能治心，修道自能水到渠成。所以岐陽方秀也才對修養心性問題發表他的見解說：

> 海藏云：余正和已前，以書質心，正和已後，以心質書。予每讀此語，未嘗不三復歎息。夫《詩》者質溫柔敦厚之心，《書》者質流通知遠之心，《禮》則質恭儉莊敬之心，《樂》則質廣博易良之心，《犧易麟經》則質素靜精微屬辭比事之心，乃至《雜華》質一眞法界之心。《法華》、《楞伽》質中實神解之心。雖彼諸子百家外道異端，莫不咸質其心焉，不則衝棟汗牛，古腸柱腹，亦何益之有。其質書則非有亞聖之才，孰與於此？吾於此乃知海藏亦未必生知之聖，但艱難勤苦而後得爾。[53]

所謂海藏，就是日僧虎關師鍊，此乃岐陽方秀從正心上所發有關儒釋不二之論。岐陽以爲：用修養、學問兩法明德，亦即正明心之活用，則不減損虛靈不昧之心的本體，發而成爲至善之道與行，而可臻於儒之聖人，佛之大覺的地步。[56]岐陽既言修身、治心爲學道之要，可見他已將儒佛二教加以融合調和，以弘揚其教矣。

## 2. 中庸

人與人相感而生情，以同情而相施予，因而講求人與人之間的關係，謂之人情。此外，人感於事物而動者，有喜怒哀樂等，謂之感情。感情由心感事物而發，未發時情純歸性，順利運行，其狀態彷佛無情。惟心情安靜謂之恬，和悅謂之愉；兩者情之至，實非無情。㊿在《中庸》爲中，爲天下之大本。行爲皆中節，在《中庸》爲和，爲天下之達道。程伊川曰：「不偏之謂中，不易之謂庸。」中者不偏不倚，無過不及，如處四方之中。其靜如止爲中，其動中節爲和。因此，義堂周信曰：

忠，中心也。夫中心者，非世所謂心也，佛祖所傳妙心也。中也者，非世所謂中也，天下大本之中也。大本故無道不歸焉，妙心故無法不攝焉，推而廣之，在儒氏也，仁之，義之，禮之，樂之，而皆不出乎是大中矣！在佛氏也，戒焉，定焉，慧焉，是三者學，皆不離乎是妙心矣！統而一之，則惟中惟心。心，猶中也；中，猶心也。曰：惟中而已矣！曰：惟心而已矣！斷斷乎儒于是，佛于是。㊾

亦即義堂將《中庸》之中視如釋家之心，而認爲中與心相同。

義堂雖認爲《中庸》之中與釋家所說之心無二致，但時代稍晚的翺之慧鳳卻說：

貞正者不失其中之名也。苟物守其貞正則必中焉，日月居其貞正則必中焉。故曰：中也者天下之大本也，大本也者，貞正之謂也。夢溪大師向明上座，道箇不思善，不思惡，只是大本也。

又說：

中者貞正也。纔涉思惟，便非中，非貞正，非大本之道。57

大極豈指萬物之初而言乎？太極者無極也，是周舂陵發明易道以歎之之言也。天地未判，陰陽未兆，謂之太極乎？父母未生，混沌溟濛，謂之太極乎？是實難言。周家之老，纔以無極兩字註之。德心棓之，臨濟喝之，禾山之鼓，石鞏之弓，只註箇太極兩字。58

由上舉兩段文字可知，翺之認爲《中庸》之中與《周易》之太極一致，而以中與太極爲心靈之本體，並以之爲禪家所謂本來面目。

情發於心，心正即情純。心正在意誠，意誠在致知，致知在格物。《中庸》〈經一章〉所謂「致中和」即在心正，使心無一毫之染，純然歸性合理。故致中和在正人心，而使情歸於常。禮則以敬爲主，敬係存於心者，其待人之形於外者爲恭。人們之相處各有分寸，不相侵犯而得相安，謂之和。先王之道，以和爲美，事無大小，悉依禮而行。惟禮須活用，不可拘泥於形式。否則，是爲和而和。因此，如不以禮節制，亦有不可行之者。59對這個問題，義堂周信說：

夫和之爲義也，其說可考。儒氏則曰：禮之用，和爲貴。蓋言禮不以和濟焉則繁，和不以禮節焉則流。禮之與和，得乎適中，而後可以行於己，可以施於人，是儒氏所以貴乎和也。佛氏則曰：梵言僧伽，華言衆和合，而有理合焉，有事和焉。曰：戒和則同修，見和則同解，身和則同住，利和則同均，口和則無諍，意和則同悅，謂之六和，是事和也。曰證擇滅，擇滅則無

為，是理和也。曰事，曰理，二者咸和，則何道而弗成，何事而弗辨，是吾佛氏所以貴乎和也。⑥⓪

此言儒家與釋家之所以貴乎和的原因。義堂在上舉文字之後接著又說：

於虖，和之道大矣哉！天地和而後陰陽泰矣，山川和而草木蕃矣，五行和而氣候均矣，君臣、父子、夫婦、兄弟、朋友之類，皆和而後人道昌矣。儻或一弗和，則皆反是，云云。⑥①

以上乃就和而倡儒釋兩教之一致者。

義堂雖觸類而言儒釋兩教一致以嘗試其調和，但他並非將儒釋兩教等同視之而沒有差別。故言：

凡孔孟之書，於吾佛學乃人天教之分，齊書也，不必專門，姑為助道之一耳。經云：法尚可捨，又何況非法。如是講則儒書即釋書也。⑥②

由此觀之，他是只將讀儒書視為修行佛道之一個助力，不必專門去學。所以他只以天教之分取儒，在根本上雖倡二教一致，卻認為儒、道兩教所言只涵蓋於佛之心中。故又言：

以吾心法之量而推之，彼(儒、道)二氏者，太極、元氣云云者，亦皆蘊在其中矣！⑥③

就這樣，他認為儒教涵蓋於佛教之中而為人間教，故在引導、教化世人時，宜自儒教引入佛教，亦即認為儒教係佛教入門之階梯。言：

先告以儒行，令彼知有人倫綱常，然後教以佛法，悟有天眞自性。⑥④

由上文看來，義堂之所以修習儒教，及同意其弟子們修習此一方面的學問，並嘗試從事儒的教化，無非欲藉儒之倫理綱常以爲弘揚其佛教之助。所以他雖倡導佛教，卻專門著力於人的道德方面，以收其宏效。

### 3. 心性

就心性而言，仲芳（方）圓伊認爲儒釋兩教在此一方面是一致的，且以《中庸》爲儒釋二教之調和而祖述《中庸》〈一章〉所謂：「天命之謂性，率性之謂道」，從而說出它們之一致云：

夫中也者蓋萬化之本源，而一心之妙用也。方其未發，純粹清明之理，渾然而存焉。無有偏倚乖錯之失，乃中之體也。逮其既發，事務浩穰之變，泛然而應，無有亢過不及之患，乃中之用也。大焉而天地陰陽之運，得之則正，失之則差。細焉而草木昆蟲之生，得之則遂，失之則夭，所謂天下之大本者邪。吾教曰中道也，曰中觀也，曰中諦也，經綸萬法，錯綜一心，其旨甚玄，其論甚高。推而及之，亦皆不離日用常行之際焉耳。吁旨哉，中之爲義也，省思慮，謹視聽，安是而行者，其果優入聖賢者之域耶？㊺

此乃將儒家所說之中，與釋家所言之中道、中觀、中諦相比，而此應是根據朱子之言而立說。

就中道而言，横川景三云：

洪範曰：皇建其有極。解者曰：皇，大也；極，中也。夫中也者，德之基也，道之經也，天下之大本也。子思之説中，中者散爲萬事，合爲一理，是也。程氏之論中，中者喜、怒、哀、樂未發，寂然不動，是也。堯、舜、禹、湯、文、武，征遜雖異，而建其中則同矣！禹、稷、顏子，出處雖遠，而建其中則近矣。至若大而天、地、日、星，小而蟲、鳥、草、木，未有舍中而能達者也。然方外、內道無二揆，惟中是建。其我曹洞氏有偏正五位之說：曰正中偏，曰偏中正，曰正中來，曰偏中至，曰兼中道，其位皆以中爲本，由是君君、臣臣、父父、子子，云云。⑯

橫川此言，乃以中道爲道德之根基，係根據《中庸》〈一章〉所謂：

喜、怒、哀、樂之未發，謂之中，發而皆中節，謂之和；中也者，天下之大本也，和也者，天下之達道也。致中和，天地位焉，萬物生焉。

而發，藉以言儒佛之不二。此外，他也在其《京華集》卷六，〈仁字說〉引程伊川「仁者性也」之言，將仁比作佛家之慈悲，以倡儒佛兩者之一致。更於〈子韶字說〉言：「眞與俗不二，儒與釋一致」，而力言儒釋兩家之相同，要兼達儒釋兩道方能得道，⑰故乃謂：

人之道也，非一朝一夕而成者，入小學，入大學，惜寸陰，惜分陰，口不絕吟於六藝之文，手不停披於百家之編。堯、舜、禹、湯、文、武、周、孔之道。涵泳乎內，衣被乎外，以施之行事，然後可謂人成矣。⑱

縱觀上舉橫川之言，可知他是混同佛意以發抒其儒見，故有純然儒者之概。

就以心傳心問題而言，禪教以師徒道契之妙諦爲以心傳心之極致，故天隱龍澤乃以曾子之一唯而悟孔子一貫之道的事實，作爲以心傳心之證據，且將之與釋迦的弟子身子相比，而以此二人爲儒釋兩教之雙璧。說：

文者，道也，文之與道，未常相離也。道雖多岐（歧），只是一也。文雖衆體，只是一也。儒氏之文于天祿，于石渠。孔子呼曾子曰：吾道一以貫之。人問其故。曾子曰：夫子之道，忠恕而已矣！忠恕二字，其旨深，以恕一理統天下萬殊也，是儒氏之文也。佛氏之文，于虬宮，于海藏。經曰：唯有一乘法，無二亦無三，是佛家者文也。洙水之徒三千，領一貫之旨者曾子而已矣！靈嶽之衆百萬，讓一味之法者，身子而已矣！⑲

此係根據《論語》〈里仁篇〉所記載曾子之言而發。季弘大叔也說：

嘗考鄒魯聖賢之言，至乎夫師資授受之際，間有與吾氏相契者。孔夫子呼曾參，告以吾道一以貫之。參應之不過只曰唯焉。蓋於夫子之言，領而不疑也。門人或有惑焉，則又諭以夫子之道忠恕而已矣。師資授受之際，間不容議如斯。聖人之道，一理渾圓，粹然而不駁。而凡天下之事，未嘗由斯而不出，譬猶一氣渙散，而舒卷於萬物。⑳

而認爲在師徒授受之際，儒釋兩教有其相契處。季弘又說：

曾參於夫子所指之路頭，一反掌之頃，自領不迷。言之難以曉，則強而告以忠恕之言，欲人之易曉也。且夫忠者盡己之謂焉，恕者推己之名焉。子程子曰：夫子之言中，天道也，恕者亦人道也，而恕所以行忠也。蓋聖人之道，必由其才而篤，猶如豫章杞梓之于鄧林之地者爲良材

也，云云。吁，佛祖以來，非上智之資，則不能當授受之任，固非世儒之所能爲也焉，其與吾氏相契者蓋其跡耳。㉑

季弘雖認爲在師徒授受之際之以心傳心方面儒釋兩教一致，惟就其文末所言「其與吾氏相契者蓋其跡耳」觀之，他似乎認爲儒之心傳不如佛之徹底、眞正。㉒

4. 仁

仁爲人與人之同情心，爲儒家之明德，爲儒道之體，其不能臻此境界者，乃修道以敎之（明明德）。仁之用，爲推己及人，；自己之意識以至行動，感覺自己之存在，同時應顧及對方，而設身處地。㉓天隱龍澤認爲仁相當於佛家所說之心，所以在根本上儒釋兩敎有其相契處。何謂根本？天隱的見解是：

西方聖人之說性者，東家夫子之言仁者，名異理同。㉔

西方聖人就是釋迦，東家夫子指孔子。天隱將釋家所說之性即心，與孔子所說之仁視爲相同。孟子將仁釋爲「人心」㉕，朱子則將其解作「心之德，愛之理」。㉖天隱繼承孟子、朱子之說法，將仁釋爲「本有之性」曰：

大哉！仁也，夫子之罕説利與命與仁焉，云云。何謂之仁哉？本有之性是也。桃不得仁則不爲桃，杏不得仁則不爲杏，麥不得仁則不爲麥也。矧人乎，物不具性者，未之有也。㉗

天隱不僅將仁視爲人本有之性，也還認爲任何事物都具有性。因此，他駁韓昌黎之將仁解作博愛，程伊川之將仁釋爲覺曰：

儒者韓退之曰：博愛之謂仁。程子曰：仁者，覺也，非博愛也。樊遲問仁。夫子曰：愛人。然則韓氏博愛之言舍諸？孟軻曰：見孺子將入於井，皆有惻隱之心。其惻隱之心，仁之端也，豈非博愛亦仁之端乎？覺亦仁之端也，非仁也。⑱

天隱將仁釋爲本有之性，而其主張儒佛一致處見於是。

以上係就修身、中庸、心性、仁等考察日本五山禪僧對它們的看法，從而得知那些禪僧對這些問題的見解多與儒家所說者相類似，但某些地方則有其獨到的見解。除此之外，也有人認爲儒釋兩教同理異跡而一致，⑲或在言孝方面的一致者。⑳

## 五、結　語

上文雖就日僧之主張儒釋兩教一致問題來立論，但當時在他們之間也有主張儒釋道三教一致的。此一主之起源，也應可說來自中國，例如於元初東渡而受鎌倉幕府執權北條時宗之皈依的華僧大休正念所謂：

儒釋道三教之興，譬若鼎鼐，品分三足，妙應三才，闡弘萬化。雖門庭施設之有殊，而至理所歸之一致。㉛

又如明極楚俊所謂：

三教聖人，各立本法。儒教大雅之法，其行端確無邪；釋教大覺之法，其性圓融無礙；道教大觀之法，其智廓達無滯；如鼎立足，缺一不可，雖然，且三聖人中，那一箇合受人供養。㉜

即是。此兩段文字固爲華僧之言，但隨著日本禪林閱讀外典的風氣昂揚，爲要使他們從事此一方面之研究在理論上能夠正當化，日僧在儒佛不二論外，也開始主張三教一致，例如龍湫周澤所說：

吾教寧可捨，三教空合空。三教興於世，永以有家邦。㉝

及如天祥一麟所說：

魯國孔丘周老聃，就中添箇竺瞿曇，雖然立教有同異，三教一兮一即三。㉞

即是明確的主張三教一致者。至於萬里集九，他也曾經說過：

吁！甘庶氏初生下來指天曰：唯吾獨尊。經異說或曰唯我獨尊。吾我之二字通用，各隨譯者筆端之鼓舞也。我則無我之我，而常樂我淨四意之一也。又，李老君遊化之始，指天曰：唯道獨尊。蓋道可道，非常道；名可名，非常名。無名，天地之始；有名，萬物之母，故常無欲以觀其妙也。儒家者云：彼蒼者天也。又曰：無大於天，其堯舜則天者也。儒道釋所祖之天，其流雖格別，其味一而已。㉟

而主張儒釋道三教之一致。此外，桂菴玄樹㊱、雪嶺永瑾㊲的言論中雖亦可發現此一方面的主張，卻沒有二教一致論那麼盛行。

〔註釋〕

①：請參閱芳賀幸四郎，《中世禪林の學問および文學に關する研究》（京都，思文閣，昭和五十六年十月），頁二三～三二。

②：足利衍述，《鎌倉室町時代之儒教》（東京，有明書房，昭和四十五年五月，復刻本），頁三三～三四。

③：足利衍述，前舉書頁三四～三五。

④：明教契嵩，《補教編》卷四。

⑤：明教契嵩，前舉書卷二。

⑥：北礀居簡，《北礀外集》卷三，〈泉州金粟洞天三教藏記〉。

⑦：北礀居簡，《北礀外集》卷四，〈儒釋合〉。

⑧：癡絕道沖，《語錄》卷上，〈示懶庵居士〉。

⑨：陳式說，《唯人哲學》（廈門，立人書報社，民國三十八年一月），頁八。

⑩：《孟子》〈盡心篇〉。

⑪：《孟子》〈盡心篇〉云：「孟子曰：盡其心者，知其性也，知其性，即知天矣！」

⑫：請參看陳式銳，前舉書頁九～一〇。

⑬：癡絕道沖，前舉書卷上，〈瑩悅二上人幹陳塘閘不見語〉。

⑭：《大學》〈傳之七章〉。

⑮：無準師範，《語錄》卷五。

⑯：虎關師鍊，《濟北集》卷一八，〈通衡〉之三。

⑰：西笑承兌，《南陽稿》〈周易跋〉。

⑱：鄭樑生，《元明時代東傳日本的文獻——以日本禪僧爲中心》，（臺北，文史哲出版社，民國七十三年八月），頁二六。

⑲：鄭樑生，前舉書頁二一七～二一八。

⑳：鄭樑生，前舉書頁二一八。

㉑：玉村竹二，〈教團史的に見たる宋元禪林の成立〉，收祿於《日本禪宗史論集》下之二（京都，思文閣，昭和五十六年一月），頁三～四四。

㉒：玉林竹二，《五山文學——大陸文化紹介者としての五山僧侶の活動》（東京，志文堂，日本歷史新書，昭和四十一年五月），頁一九五～二三四。

㉓：請參看上村觀光，《五山文學全集》第二輯（京都，思文閣，昭和四十八年二月）所錄義堂周信之《空華集》，及註二三所舉玉村竹二所著書。

㉔：般若，梵語parjñā，意譯爲慧，智慧。以心之作用，了達爲性，知四諦之境，除煩惱生死的智慧。又，除煩惱障，所知障，以知有爲、無爲之一切的智慧。因它是六婆羅蜜之一，被讚歎爲諸佛之母，至被視作爲得佛果之最重大要素。六婆羅密之一的般若乃菩薩之行，佛因的智慧。如其作爲三德——斷、恩、智之一，則指佛果上之平等智慧而言。

㉕：玉村竹二，〈禪の典籍〉，收錄於《日本禪宗史論集》下之一（京都，思文閣，昭和五十四年九月）。

㉖：正閏，指原有之正者與不正者。正統與閏統。賈至，〈虎牢關銘〉云：「盛衰千統，王閏更王。」

㉗：鄭樑生，前舉書頁六九。

㉘：芳賀幸四郎，前舉書頁二三。

㉙：玉村竹二，註二三所舉書頁三八。

㉚：玉村竹二，前舉〈教團史的に見たる宋元禪林の成立〉。鄭樑生，前舉書頁四〇～四一。

㉛：芳賀幸四郎，前舉書頁三三。

㉜：芳賀幸四郎，前舉書頁三四。

㉝：同前註。

㉞：同前註。

㉟：同前註。

㊱：義堂周信，《空華集》卷一六，〈錦江說，送機上人歸里〉。

㊲：義堂周信，前舉書卷一七，〈文仲說〉。

㊳：義堂周信，《空華日用工夫略集》，應安二年（一三六九）九月二日條。

㊴：岐陽方秀，《不二遺稿》卷中，〈送南窗藏主還鄉〉。

㊵：龍彥周興，《半陶稿》卷三，〈呈桃源書〉。

㊶：友山士偲，《友山錄》卷二，〈跋知侍者送行詩軸〉。

㊷：景徐周麟，《翰林胡蘆集》第九，〈安容齋記〉。
㊸：桂菴玄樹，《島隱集》上，文明丁酉（一四七七）條所記載〈汝南翁席上用同字和者十章〉之一首。
㊹：桂菴玄樹，前舉書上，文明己亥（一四七九）元旦〈呈雲龍老師詩〉。
㊺：萬里集九，《梅花無盡藏》第六，〈答仲華丈六篇詩序〉。
㊻：萬里集九，前舉書第三，上，〈正月一日試分直〉云：「浦口吹青浪抹青，旅房雞旦祝蓂蓂。磨蘇味，試分直，詩是吾家《般若經》。」
㊼：陳式銳，《唯人哲學》，頁三五。
㊽：《大學》〈經一章〉。
㊾：《孟子》〈盡心篇〉。
㊿：雪村友梅，《岷峨集》卷上，〈三條殿頌軸序〉。
(51)：請參看陳式銳，前舉書頁九。
(52)：蘭洲良芳，《語錄》〈建仁寺錄〉。
(53)：岐陽方秀，《不二遺稿》卷上，〈贈春和侍者從師歸尾陽叙〉。
(54)：足利衍述，《鎌倉室町時代之儒教》，頁三六六。
(55)：陳式銳，前舉書頁二〇。
(56)：義堂周信，《空華集》卷一六，〈惟忠說〉。
(57)：翺之慧鳳，《竹居清事》〈中溪說〉。

㊽：翺之慧鳳，前舉書〈太極說〉。
㊾：陳式兌，前舉書頁五七～五九。《論語》〈學而篇〉云：「有子曰：禮之用，和爲貴，先王之道，斯爲美，小大由之。有所不行，知和而和，不以禮節之，亦不可行也。」
㊿：義堂周信，《空華集》卷一七，〈和仲說〉。
(61)：同前註。
(62)：義堂周信，《空華日用工夫略集》，應安四年（一三七一）六月三日條。
(63)：義堂周信，《空華集》卷一五，〈以清說〉。
(64)：義堂周信，註六二所舉書卷一一，〈演示講主序〉。
(65)：仲芳圓伊，《懶室漫稿》卷五，〈晦叔字說〉。
(66)：橫川景三，《京華集》卷三，〈建中字說〉。
(67)：橫川景三，前舉書卷六，〈希詞說〉。
(68)：橫川景三，前舉書卷六，〈玉成字說〉。
(69)：天隱龍澤，《天隱文集》〈希文字說〉。
(70)：季弘大叔，《蔗庵遺稿》〈恕林說〉。
(71)：同前註。
(72)：足利衍述，《鎌倉室町時代之儒教》，頁三九九。
(73)：陳式銳，《唯人哲學》，頁一五。

(74)：天隱龍澤，前舉書〈仁岳字說〉。

(75)：《孟子》〈告子篇〉云：「孟子曰：仁，人心也。」

(76)：《論語集註》。

(77)：同註七三。

(78)：同前註。

(79)：虎關師鍊，《濟北集》卷一八，〈通衡〉之三。

(80)：無文元選，《語錄》〈覺元公禪定門〉。

(81)：大休正念，《住壽福寺語錄》〈爲武藏殿供養儒釋道三教陞座〉。

(82)：明極楚俊，《明極禪師語錄》〈三教圖贊〉。

(83)：龍湫周澤，《隨得集》〈和夜讀廬山高詩〉。

(84)：天祥一麟，《龍涎集》卷下，〈贊三教〉。

(85)：萬里集九，《梅花無盡藏》卷七，〈天初號說〉。

(86)：桂菴玄樹，《島隱集》下，〈題三教畫〉云：「彼美西方祇一人，中華二聖德爲鄰，杏花壇上李花月，覺苑風光空劫春。」

(87)：雲嶺永瑾，《梅溪集》云：「酸面醜時呈本眞，儒家釋老月重輪。桃紅李白薔薇紫，三教非三一樣春。」又云：「道冠儒服佛威儀，百摺面酸寒透肌。甕裏青天三斗醋，半沒西天半東支。」

# 日本五山禪僧的「仁義」論

## 一、前言

自從禪宗於南宋時代從中國東傳日本以後，性理之學也隨著東傳彼邦而逐漸發達。此一學術思想不僅促使其後醍醐天皇實施建武新政之際作其施政的理論根據，及喚醒當時的日本國民之忠烈精神，也還促使其公卿們之儒學研究從遵循漢唐古註逐漸傾向於宋儒新說，而終以朱子學說爲宗。就以當時成爲日本漢文學之主流的五山禪僧而言，他們無論從事漢學研究或弘揚禪旨，也都根據宋儒新註而立說。那些禪僧或以爲性命、道德之說盡在《大學》、《中庸》二書，或以《尙書》爲孔子所自編；《論語》之編纂有失嚴正而其文大醇有小疵；或評程、朱雖採佛說而竟排佛爲非，而譏朱子非醇儒。雖然如此，他們卻都以朱子爲繼承孔孟之道統而予以尊崇。就五山文學代表作家之一的義堂周信①而言，他認爲朱子學出自禪而以之爲正，故其讀《四書》亦遵循朱子之說，且在室町幕府（一三三六～一五七三）開經筵，爲幕府將軍講授。宗峰妙超②則以儒教爲世間必需之教，故乃推崇子思、孟子而以其道爲忠孝之典範。龍泉泠淬③則肯定孟子之性善說而斥荀、楊以下諸子之性惡說。至於西胤承兌④則崇拜張橫渠而奉以爲師，尤愛讀其東西二〈銘〉云。因此，禪宗雖標榜「教外別傳，不立文字」，卻認爲如要教化世人，就非藉世間教之儒教來弘揚出世之禪教不可。於是他們便站在儒釋一致的觀點，據禪以修養心性，以行儒教之世法爲目的，或者以儒爲進入佛教之階梯而予以先修。在此情形下遂造成朱子學在禪門興隆的基礎。

當那些禪僧們的新儒學研究如火如荼的開展以後，他們不僅對此一新學術有充分的理解，且將其運用於弘揚禪教方面，從而對儒家的中心思想作其獨到的新的解釋，給彼邦學術界、思想界造成很大影響。他們雖有若干新見解，但本文擬僅就那些禪僧對「仁義」兩字所爲解釋作一番考察，其餘則留待日後討論。

## 二、中國圖書的東傳

禪雖標榜「教外別傳，不立文字」，以「禪定三昧」之行，「一超直入如來地」，一切皆得「自肯自得，冷暖自知」⑤，而有如《臨濟錄》〈語錄〉所謂：「三乘十二分教，皆是拭不淨故紙」⑥，認爲五千四十餘卷的黃卷赤軸對修禪皆無甚裨益。但禪宗既是佛教的一個宗派，則它絕非忽視「戒」與「慧」。這就如菩提達磨之曾經攜帶《楞枷經》來華，將它傳給二祖慧可，而後來百丈懷海又制訂《百丈清規》以定禪林規矩，及《碧巖集》之根據《楞嚴經》第二之經文所爲「楞嚴不見時」之則似的，這些事實都表示禪並未完全否定智慧與戒律。⑦中國禪林對《楞嚴經》、《楞伽經》、《金剛經》等的內典研究，從禪宗發達之初期即已開始，而強調「慧」方面的教相與禪宗接近、融合，這種傾向在唐（六一八～九〇七）末至宋代（九六〇～一二七九）之間已經顯著。⑧

由於中國禪林深受士大夫階級的影響，且又是因獲得愛好學問與文學的士大夫階級之支持而發展的中國式佛教，所以從唐代開始，其內部就產生以偈頌爲中心的宗教文學，此一傾向在宋代更形顯著。尤其在南宋（一一二七～一二七九）時曾經刊行許多僧侶的詩文集——外集，而自南宋至元代（一二八〇～一三六七）之間，以文筆名聞於世的禪僧輩出，如無學祖元⑨、兀庵普寧⑩、古林清茂⑪等人，既是禪林的泰斗，也是傑出的偈頌作家。因當時東渡日本的禪僧多出在彼輩門下，而來華學習佛法的日本僧侶也多以他們爲師，故南宋、元代的中國禪林學習外集的風潮對日本有很大影響，乃自然趨勢。此一事實可由在南宋理宗端平二年（一二三五）來華學佛，七年後東歸，在京都一帶奠定禪宗基礎的辨圓圓爾⑫之八宗兼學，及他於留學東歸時，將許多內外典帶回扶桑之事獲得佐證。辨圓的態度，成爲他所創建京都東福寺與建仁寺日後活動的傳統，此傳統又爲採取禪教不分之態度的夢窗疎石⑬一派僧侶所繼承。所以禪僧非僅閱讀內典，更進而研讀外典。

日本禪僧既然研讀內典與外典，則他們必須有此一方面之書籍。而禪宗既由中國東傳，又是中國式佛教，所以他們就非從中國進口自己所需之圖書不可。那麼，他們在當時究竟進口那些圖書呢？如據辨圓圓爾於留華東歸時帶回者，經東福寺普門院所典藏而經由釋大道一以⑪整理、編輯而成的《普門院經論章疏語錄儒書等目錄》，則其內容如下：

甲、內典

（天）法華經　科法華經

法華經　大藏經目錄

（地）首楞嚴經　首楞嚴經

圓覺經

（玄）寶積經　孝宗御書金剛經

金剛經　涅槃後分

觀普賢經　觀經

四十二章經　華嚴經意

（黃）天台三大部　補註

助覽　箋難

備撿　科法華經

（宇）次第禪門　法界次第

大乘止觀　上觀大意

金錍正文　金光明經玄義

同科文　國清百錄
十不二門　指要抄
四教義　法數
（宙）楞嚴義海　注維摩經
維摩疏妙樂　同垂裕記
同科文
（洪）圓覺經略疏　圓覺直解
圓覺經集解
（荒）金剛經　傅大師金剛經頌
川老頌　天親金剛般若論
長水金剛經刊定記　金剛經集解
柏庭楞伽通義　竹菴草錄
（日）靈芝觀經疏　同記
科觀經　同科文
阿彌陀經疏　同科文
科阿彌陀經　同科文

妙宗抄　遺教論
同記　同科文
扶新論　樂邦文類
淨土十疑論
(盈) 歸敬義　同通眞記
同科文　南山章服儀
同應法記
(昃) 五教章　盂蘭盆經疏抄科
大乘止觀　小止觀
四教儀　阿彌陀經義記
同經略記　觀音經疏
十不二門　龍樹法要偈
法華游意　圓覺經略疏
四分戒木　釋門布薩儀
太賢古跡　同宗要
待犯要記　施食通覽

（辰）

五教章　法華游意
三論玄義　十二門論疏
戒壇圖經　宗要
阿彌陀經勸持　四分戒本
歸敬儀　補助儀
大藏經律論等目錄　諸本懺儀
金剛圖論　四明拾義書
大乘止觀　止觀義例
四教義　四教集解科
菩薩戒義記　起信論
釋論　山家義苑
十類因革論　天台畫讚

由上舉目錄可知，身爲禪僧的辨圓，他不僅將與天台、華嚴有關的佛書帶回，連淨土關係的經論章疏也輸入，則更能印證前文所說教禪一致的立場，與對內典關心的深厚修爲。尤其《天台三大部》、《大乘止觀》、《四教義》等天台系統的經論多之事實值得注意。

乙、外典

| | | | |
|---|---|---|---|
| (調) 周易 | 二卷 | 同音義 | 一卷 |
| 易總說 | 二冊 | 易集解 | 八冊 |
| (陽) 纂圖互註周易 | 一冊 | 尚書 | 一冊 |
| 毛詩 | 二冊 | 禮記 | 三冊 |
| 春秋 | 五冊 | 周禮 | 二冊 |
| 孟子 | 二冊 | 呂氏詩記 | 五冊 |
| 論語精義 | 三冊 | 孟子精義 | 三冊 |
| 無垢先生中庸說 | 二冊 | | |
| (雲) 晦菴集註孟子 | 三冊 | 論語直解 | 一冊 |
| 直解道德經 | 三冊 | 毛詩句解 | 三冊 |
| 尚書正文 | 一冊 | 毛詩 | 三冊 |
| 胡文定春秋解 | 四冊 | 五先生語 | 二冊 |
| 晦菴大學 | 一冊 | 大公家經 | 一冊 |
| 黃石公素書 | 一冊 | 小字孝經 | 一卷 |
| 百家姓 | 一卷 | 九經直音 | 一冊 |
| 晦菴中庸或問 | 七冊 | 晦菴大學或問 | 三冊 |

三注　三冊　　連相注千字文　一冊
（騰）莊子疏　十卷
（致）六臣註文選　二十一冊　　楊子　三冊
文中子　三冊　　韓子　一冊
（雨）事物叢林　十冊　　方輿勝覽　九冊
漢攜　二冊　　帝王年運　三冊
招運圖　一冊
（露）注坡詞　二冊　　東坡長短句　一冊
詩律捷徑　二冊　　筆書訣　一冊
誠齋先生四六　四冊　　啓劄矜式　八冊
萬金啓寶　三冊　　聖賢事實　二冊
帝王事實　二冊　　三曆會同　三冊
京本三曆會同　一冊　　連珠集　一冊
搜神秘覽　三冊　　賓客接談　一冊
合璧詩學　二冊　　四言雜字　二冊
小文字　四冊

| | | | | |
|---|---|---|---|---|
| (結) | 說文 | 十二冊 | 說文 | 十二冊 |
| | 爾雅兼義 | 三冊 | | |
| (爲) | 大字玉篇 | 五冊 | 大字廣韻 | 五冊 |
| | 玉篇 | 三冊 | 廣韻 | 五冊 |
| | 校正韻略 | 二冊 | 韻關 | 二冊 |
| | 韻略 | 二冊 | | |
| (霜) | 白氏六帖 | 八冊 | 歷代職源 | 一部十冊 |
| (金) | 白氏文集 | 十一冊 | | |
| (生) | 韓文 | 十一冊不全 | 柳文 | 九冊不全 |
| (麗) | 老子經 | 一部二冊 | 莊子 | 一部缺自一至五 |
| (劍) | 太平御覽 | 一部 | | |
| (果) | 毛詩注疏 | 七冊 | 合璧詩 | 八冊 |
| | 周禮 | 三冊 | 積玉 | 三冊 |
| | 禮記 | 五冊 | 孟子 | 二冊 |
| | 周易 | 二冊 | 註論語並孝經 | 一卷 |
| | 禮書 | 三冊 | 楊子 | 二冊 |

| | | | |
|---|---|---|---|
| 註蒙求 | 一冊 | 文中子 | 一冊 |
| 荀子 | 一冊 | 魯論 | 二冊 |
| 軒書 | 三冊 | 大學 | 一冊鈔本 |
| 注千字文 | 一冊 | 大明錄 | 三冊 |
| 玉篇廣韻 | 各四卷 | 語眞寺詩 | 一冊鈔本 |

由上舉書目可知，辨圓圓爾從中國帶回的內典何其多，內容何其豐富。此固爲辨圓個人所攜帶，但在他以後，在元、明兩朝由中、日兩國人士攜往日本的圖書亦必不在少數。這種情形在明初的岐陽方秀⑮身上也可以發現。岐陽是歷住東福、天龍、南禪諸寺的名衲，當明太祖所遣使節天倫道彝⑯、一菴一如⑰於洪武五年（一三七二）赴日時，他曾修書致一菴，請教有關「五法三自性八譯二無我，與一百八句相攝如何」？「台宗圓教，亦談華嚴無礙之旨耶？」等有關教理、教相之事十條，並就永明延壽之《宗鏡錄》，「請分大節以示大義」，並且又請求下列書籍云：

一、華嚴清涼國師大疏，晉水源師錄疏注經者，百二十卷。《演義鈔》六十卷，《科文》二十卷。

一、《圭峰行願品記》、《原人發微錄》、《禪源詮都序》，此三部本國未見科文。

一、《起信論》圭峰密師疏。

一、雷庵受禪師括摘李長者《華嚴論樞要》束爲三卷者，本國亦未見此本。

一、夢堂所編新修科分《六學高僧傳》。

右五部，願附商舶以惠本國學者。⑱

我們雖無法找到這些書籍確實東傳到日本的證據，但如從建文、永樂年間中日兩國使節往來頻繁，及雙方關係極爲密切的情形觀之，它們被運往日本的可能性極大。

又，就明英宗之治世言之，當日本室町幕府第八任將軍足利義政⑲於天順八年（一四六四），以建仁寺住持天與清啓⑳爲正使來貢時，欲於皇帝回賜㉑外，獲得銅錢與書籍等特賜品，竟下令其屬下查報前例，並命相國寺僧侶等爽西堂，等持寺僧侶周繼西堂，及東福寺僧侶應曇西堂錄列未曾東傳而希望獲得之圖書的目錄，使瑞溪周鳳㉒公然書寫在其表文（圖書）云：

書籍、銅錢，仰之上國，其來久矣！今求二物，伏希上達，以滿所欲。書目見於左方……。

《教乘法數》全部、《三寶感應錄》全部、《賓退錄》全部、《北堂書鈔》全部、《兔園策》全部、《史韻》全部、《歌詩押韻》全部、《遐齋集》全部、《張埒休畫墁集》全部、《遯齋玄覽》全部、《石湖集》全部、《揮塵錄》全部附《後錄》十一局、第三局、《餘錄》一局、《百川學海》全部、《老學庵筆記》全部。㉓

英宗雖可能允其所請而將上列書籍賜與天與，惟因當時的日本適逢發生應仁之亂㉔，相傳天與於返京都途次，爲西軍之周防（山口縣）大內氏所襲擊，所以這些書或許落入大內氏之手。故當足利義政於憲宗成化十三年（一四七七），以竺芳妙茂爲正使來朝貢時，除乞討銅錢外，又請賜

《佛祖統紀》全部、《三寶感應錄》全部、《法苑珠林》、《賓退錄》全部、《兔園策》全部、《遯齋閑覽》全部、《類説全部》、《百川學海》全部、《石湖集》全部、《老學庵筆記》全部。㉕等圖書，但義政此次請賜結果，只獲《法苑珠林》而已。㉖

上文所舉著雖只是當時的日本官方或私人從中國進口圖書的若干例子，卻可由此得知這個時期確有許多漢籍流入彼邦。那麼，當時的日域人士，尤其是五山禪僧對讀儒書的看法如何？下文擬探討此一方面的問題。

## 三、五山禪僧的儒學觀

禪宗原是以體驗爲基礎的般若之宗教，並且又重視師資相承之行，故具有崇尙在傑出之宗教的個性裏，被具體表現之主體的眞理甚於抽象的一般的眞理之傾向。因此，自古以來《臨濟錄》、《大惠錄》等語錄便被視爲最富於禪的眞理之淵藪而爲禪林所重視，㉗而中、日兩僧侶的語錄之被日本禪僧所閱讀者甚多，此可由他們的著作獲得佐證。

禪僧們既然閱讀語錄、儒書等，那麼，他們對儒教的看法如何？華僧明極楚俊㉘云：

> 三教聖人，各立本法：儒教、大雅之法，其行端確無邪；釋教，大覺之法，其性圓融無礙；道教，大觀之法，其智廓達無滯；如鼎立足，缺一不可。雖然，且三人中，那一個合受天人供養，云云。㉙

此言雖係就儒、釋、道三教立論，認爲儒教在行爲上，釋教在心性上，道教則在智慮上見其特長，三者如鼎之立，缺一不可，惟其所以重釋者，乃因其爲佛徒之故。所以他曾賦詩曰：

志學理應髫齔時，汝今聰敏不爲遲。詩書可向清晨頌，筆硯還須白日提。行己莫離忠與信，立身宜謹禮和規。㉚

這首詩是說，只要修得儒教，便可臻於佛境。明極又以儒教教化其弟子曰：

以道德仁義根於心，以溫、良、恭、儉發於外，所以立身揚名，皆有矜式也。㉛

先儒論道，重在人與人之間的關係，其追求者，爲格物、致知、誠意、正心等，要在修養完全之人格。由親及疎，自近而遠，推而至一家一國，以達於天下。故明極此言，與儒者所言並無二致。

與明極同一時代的華僧竺仙梵僊㉜則云：

列聖興出，爲憫迷流失其本源，不知所歸，爲之導引也。其流既衆，始百川競瀉，萬派爭奔，隨其波，逐其浪，流而忘返，滔滔者天下皆是也。孔氏曰：逝者如斯夫，不舍晝夜。孔氏者其知歸乎？釋尊曰：一人發眞歸源，十分虛空，悉皆消殞。不妨截斷衆流，無乃陸地波濤，沒溺平人未有了。曰：然不犯淸波，直下知歸，不用擊崑崙，擘泰華，端四海，疏九河。但識浪休騰，情漚息起，自性天眞，廓然如本。是故諸聖出興，縱橫逆順，皆欲導其歸於是也。故曰：方便有，歸源無二性。㉝

天以性賦人，性之內涵有欲與情。人之欲大於情，性則趨惡，情大於欲，性則爲善。欲等於情則爲中，性無善無惡。而性之本體，爲適當之欲與眞摯之情。適當之欲加眞情，即是天性。此天性即明德，明德之擴大，即達至善。㉞而竺仙所言即在此一方面立論，以爲儒、釋兩教在教化的方便上雖異，卻同歸天賦之本源，亦即以明心性爲其要旨。故又云：

> 若夫性命之說，而《中庸》、《大學》之書蓋具之矣！唯是無聲無臭，一言可盡也。㉟

《四書》爲儒家人生哲學之大全，教人以窮理、正心、修己、治事之道。《中庸》提出性——良知、良能；《大學》標出明德——欲與情之調節。而《中庸》以天賦人以性，予人類生生不息之機，順此機動之力以演化，謂之道。㊱所以竺仙認爲儒、釋兩教在根本上及方法上一致，而《大學》、《中庸》爲性命之書。

大家都知道，知、仁、勇三者爲天下之達德。儒家以仁爲本體，知所以知仁、勇所以行仁；人欲其德之達者以謀求之而已。我們知此三者，則知修身之道，修身之後，乃足以成己治事。因此，

> 子曰：好學近乎知，力行近乎仁，知恥近乎勇。知斯三者，則知所以修身，知所以修身，則知所以治人；知所以治人，則知所以治天下國家矣！㊲

對這個問題，蘭洲良芳㊳的看法是：

> 學道之要無他，修身治心而已。身之不修，折旋俯仰，動用周旋，踰規越矩，陷邪僻之域。心之不治，境風捲地，識浪翻空。前念未終，後念至，必有蕩而不反之患。故竺乾大士立期立限，對病與藥，以爲中下之機。㊴

心有人心與道心。王陽明以爲雜私欲者爲人心，不雜私欲者爲道心。道心即天理。人心得其正爲道心，道心失其正則爲人心；去私欲即去過分之欲，是爲正心（意誠），即返於天理（明德之境）。㊵亦即蘭洲以修身治心爲學道之要，此乃融合儒、釋兩教之說所發之言。

心所發爲意念，意念有淸濁，即如事有錯雜，物有蔽障。人缺乏修養，行不由道，爲其意念濁蔽，迷失其心，若人欲橫流，則人之意念自必日蔽。㊶存於中，形於外，見君子（情大於欲者），自覺羞然；此時雖欲掩飾，亦屬無用。因此，學者必須在修養心性方面下功夫。夢窗疎石認爲：

> 今相承內外典者，只論其家之才學而不言其修心磨練，故其所以不如先德者實由此而來。昔孔子出世而述五常之道時，其爲內弟子者，各自將仁義禮智信之理置諸心中以修練，如某人學得仁，某人學得義等。而孔子所印證者，乃其心有仁有義者也。其未曾印證而唯言仁義之才學，而心無仁義者，乃今時學儒者唯習得仁義之來由，即自以爲精通儒教，而不於其心中修練仁義之道。故其仁義之才學雖似不遜於孔、孟，然其人之欠缺仁義，與一般愚人無異，而佛教亦復如此。云云。㊷

夢此話乃以孔子之教爲修心教，其內容則根據程朱之說而來，可見夢窗認爲在修心方面儒、釋兩教一致。

仁爲人與人之同情心，爲儒家之明德，爲儒道之體；不能達此境界者乃修道以敎之，使之明明德。仁之用，爲推已及人，自己之意誠以至行動，感覺自己之存在，同時應想及對方，而設身處地。

㊸亦即：

> 所惡於上，毋以使下，所惡於下，毋以事上；所惡於前，毋以先後，所惡於後，毋以從前；所惡於右，毋以交於左；所惡於左，毋以交於右；所謂絜矩之道。㊹

由於夢窗的佛法之師高峰顯日㊺，與儒學之師一山一寧㊻俱爲精通朱子學之高僧，故他之浸淫於此一方面的學問，乃理所當然之事。而他在其所著《夢中問答》中一再並稱孔、孟，則他之以孟子爲繼承孔子之道統者，自屬必然。

時代稍晚的乾峰士曇㊼曾說：

> 問三教一致之耶？答曰：釋治心，道治身，儒治國焉。語曰：夫子之道，忠恕而已矣！忠也者，中心也；恕也者，如心也。顏淵曰：仰之彌高，鑽之彌堅，瞻之在前，忽焉在後，是乃體之起用也。仲尼之意，在不涉體用之際，言中心也。《道德經》曰：道可道，非常道。自此第一之章，至於八十一章之章，皆成中道之義也。河上公曰：道可道，是謂之仁義忠孝之道；非常道，是謂之非自然長生之道也。所謂可道之與非道，二邊之句也。老子意在不涉二邊之中，中立衆妙之門。又曰：此兩者同出而異名，可謂之玄之又玄也。此乃非謂無名有名之兩句也，指其出處以爲玄之又玄也。言中心也，云云。佛曰：初善、中善、後善、諸教之語，說示三句，要須出離中道之外。《法華》曰：今此大城可於中止隨意所作，若入是城，快得安穩，若能前至寶所，亦可得去。且如道、儒二教，只貴中道，未到實所，豈有一教之義耶？毫釐有

差，天地懸隔。㊽

乾峰此言乃就儒、釋、道而發，他認爲此三教之一致處在中道，其極點則爲釋教所獨擅。故儒、道兩教的教義在佛教之中。因儒、道教出自釋教，所以儒、釋、道三教一致。職此之故，他復認爲因「孔問禮於李，李問禮於釋」㊾，故「李師釋也孔師李，三句還歸一句中。梅樹相鄰松竹樹，共憐明月松清風。」㊿所謂老子學於釋迦，係指佛徒於六朝時所倡之俗說而言，當然不足採信。

上舉僧侶既然認爲儒、釋兩教，或儒、釋、道三教一致，則他們自然會認爲儒書可讀，儒書對他們的修禪無礙。因此，義堂周信方纔說：

一文一藝，空中小蚋，此梁亡名子之言也；文章一小伎，於道未爲尊，此唐杜甫子之言也。如二子言，則文章與夫道遠者明矣！而《雜華經》則說：菩薩能於離文字法中生出文字。又說：雖隨世俗演說文字而恆不離文字法。子劉子則說：心精微發而爲文。如此二者說，道固不外乎文字矣！51

由此看來，義堂雖從自利向上之第一義的立場否定文章，但在利他向下的立場，則以不執著於文字爲條件而予以肯定。並且認爲：

凡吾徒學詩，則不爲俗子及第等，蓋七佛以來皆以一偈見意。一偈之格，假俗子詩而作耳，諸子勉之。又，詩有補於吾宗，不翅唫詠矣！52

此乃肯定詩文在宗門裏具有積極功用的說法。他不僅認爲詩文在禪門具有積極作用，而且要其弟子們學高僧之詩云：

今時僧詩，皆俗樣也，學高僧詩最好。今僧詩例學士大夫之體，尤可笑也。官樣富貴，金玉文章，衣冠、高名、崇位等，弊尤多。弊則必跡生，跡生則必改，復古高僧之風可也。53

又云：

古之高僧居岩穴、修戒、定慧，而餘力及詩。寓意於諷詠，陶冶性情者固多矣！而視其詩，則率以道德爲主，章句爲次、枯澹平夷，令讀者思慮洒然。若唐皎然、靈徹、道標三師，以詩鳴於吳越之間。故諺美之曰：霅之晝，能清秀；越之徹，洞冰雪；杭之標，摩雲霄。及宋皇祐間，僧中以文輔吾教者曰猛陵潛子，慕三師風，爲三高僧詩。有曰：禪伯修文豈徒爾。誘引人心通佛理，此言晝公之雅志也。曰：三十能詩名已出，名在詩流心在律，此言徹公之操履也。曰：標師之高摩雲霄，在德豈在於沉寥，此言標公之誼氣也。而世徒稱三師之詩，潛子獨以道德而美之，不亦高哉！54

上舉這段文字，乃就猛陵潛子、明教契嵩55等人之言論來評皎然、靈徹、道標等三位高僧的詩，而給予極高的評價。由此不僅可知義堂學儒的態度，也從而得知其文學觀之一端。

禪僧既然肯定禪門學習儒學，那麼他們對習儒的看法如何？龍湫周澤56云：

嗟我材智，何共不奇，於物無能，別素與緇。自省於己失於急，半生而無所企立。羨乎鳳出雞，德兮羇麝臍。吾學而勉志，群書恒鱗次。既過中年無所取，萬事齟齟而齬齬。雖有眼而非善視，多幸我作浮屠氏。盍憂邪徒塞正塗，羌悲彼蒼蠅紅紫。自非能爲佛門徒，玄玄之道固難圖。爰觀古兮，陶器無苦窳，庶專視聽兮，以異乎聾瞽。但在學之與不學兮，而今人之不及古。晞驥之馬驥之乘，慕聖之人聖之徒。而聖之徒，驥之乘，豈其爲小補耶？吾亦抉珠於滄溟，求玉於玄圃。苟辨羊芋，寧誤魚魯。人有朋友，玉得琢磨；腹有詩書，木就規矩。原夫前修之聖，於學坎軸而苦。君不見遷鄰勤學者，譽與聖人相上下。彼亦人也，吾亦人也，須修此志壯精舍，苟或不學如禽內何。克念作聖甚爲多，悠哉悠哉！古之大聖人，滔滔大激，智海清淨波。㊼

人生在世，歷年萬千，人與人之關係，變幻萬端；孔子謂性相近，以習尙不同，人欲歧異，行爲相去自遠。孔子教導門人以致知之道，自有其程序，由淺入深，自一境域，進一境界。不得於天，不怨天；不合於人，不尤人。下學自能上達，循序漸進，其至較高境界，有不爲人所知者，以其行合於理，直同爲天所知。㊽龍湫雖是佛徒，其所言修學之法卻完全據儒者之說，故他可謂爲緇服之儒。

由前文可知，日本禪僧既不反對讀儒書，而其所言修學之法又與儒者無異，則其對儒學的造詣必很深，對儒家之中心思想必有相當之理解，對此一方面的看法必有其獨到之處。因此，下文擬以「仁義」爲例，將他們的見解作一番考察。

## 四、五山禪僧的仁義觀

儒家哲學之中心爲仁。仁，从二从人。鄭玄曰：「仁，相人偶也。」人與人相偶，人與人對立之概念乃成。由概念而生意識，人見人而知同類，同類相處而起同情。人感人則推己及人，故仁乃人之道，而孟子方纔言：「仁也者，人也，合而言之道也。」㊾

仁之用，在於推己及人。己所欲於人，則盡己以對人——忠；己所不欲於人，亦勿施於人——恕。自己欲求能立能達，同時也應求立人達人。自己有欲，取之；他人亦有欲，自己同情他人之欲，推而施予之；其取予得當，爲德，爲仁。㊿子貢曾請教乃師，如有博施於民，而能濟衆，是否可稱之爲仁？

子曰：何事於仁，心也聖乎。堯、舜其猶病諸。夫人者，己欲立而立人，己欲達而達人。能近取譬，可謂人之方也已。61

儒家的人生態度，乃就自己之欲與不欲，譬之於他人之欲與不欲，最能近道，故孔子方纔言「能近取譬，可謂仁之方也。」

日僧中巖圓月62云：

仁也者，天生之性也，親也，孝乎親也；義也者，人倫之情也，宜也，尊也，忠乎君也。忠孝之移，以仁義相推耳，名異而實一也。63

中巖以仁義爲萬善之統合，此乃對仁義所下之定義。仁發於心，形於外，在心內爲仁，形於外者爲行爲，亦稱義。孔子少言忠。忠，古指忠君，亦可訓爲忠於事人。曾子曰：「爲人謀而不忠乎？」64此言即己之所欲，亦施之於人。從前齊宣王問政，孟子告訴他以己欲施人（施仁政）；齊宣王以好貨色爲苦，孟子告其與百姓同之，何難之有？自己好貨，推而廣之，以積百姓之貨，備國家之用；自己好色，推廣使百姓男女得配，無怨女曠男，即是盡己之忠。仁行於父爲孝，孝仍配義與禮。設有事焉，義之所在，聞之當行，以有父兄在，須稟命，蓋禮也。人以仁心，行禮義，則是守身之本，用之於事親，則爲事之本。人守其身，事親孝，推而至於事君必忠，所以守身事親爲大，若失其身，則必虧德辱親，故孔子以爲此種人之能孝者，未之聞也。不能孝順父母，自無法移孝作忠。65中巖又云：

仁義者，天人之道歟？天之道親親，人之道尊尊。親親之仁，生乎信也，尊尊之義，成乎禮也。天人之道雖殊，推而移之，一也，一之者可謂知也哉！66

中巖以仁爲天性，仁乃天性固有的親愛之道。義即仁之活用，人爲之正道。愛親者，不學而知之，故敎屬於仁。尊君乃活用孝而學而知之，故忠君屬於義。天性之誠因諸信行，義則由禮而行，此道知理即爲智。故中巖此言乃根據《中庸》、《孟子》與朱子之仁體義用說而發。而此仁義之道乃合天道與人道而成之中正不易之道，凡反此者皆是邪道。所以他批判楊、墨曰：

仁義之離，邪之道也，偏之道也。楊也爲我，墨也無親。無親何以爲仁？爲我何以爲義？是故墨之仁非仁也，楊之義非義也。楊、墨之道，不能推而移，所以仁義離之者，臣弑君，子弑

父，權與夫楊、墨。惟聖人者，與能推而移之，是以仁義不離，正之道也，中之道也。(67)

中巖不僅批判墨子非仁，楊子非義，並且復認爲仁係天道。天道以愛爲主，愛過則無威嚴。人爲仁道，人道以禮法爲主，禮法過則無慈愛。無威嚴，無慈愛則何以治天下？因此更曰：

> 凡天下之事，靡不有弊，仁之弊也無威，義之弊也無慈。無威則教導隳之，無慈則化育夷之。教導之隳，何以治之？化育之夷，何以尼之？教而不治，義不之爲也；化而不尼，仁不之施也。教化之張，仁義之行也；教化之弛，仁義之弊也。(68)

由此觀之，中巖係以行中正，而無過無不及之眞正的仁義之道爲其理想。

義堂周信的看法是：

> 文章章句，言文之體也；仁義禮信，人文之體也，云云。在人則仁乎父子，義乎君臣，禮乎夫婦，信乎朋友。在言則宜筆者筆之，宜削者削之，是其用也。而最急於世用者莫人文若，然人文假言文而行，言文由人文而發。何則？凡仁義云者，皆出乎心而形乎聲，乃文字之韻，律之而用之。以是論之，言文固末，而人文爲之本。苟善用其文者，必先務其本。本既立焉，則其末不待約而自正矣！而世之嗜文者率舍人文而弗用，惟言文是競，所謂務本之名，何在？(69)

此言仁義皆出乎心，而人文爲德之本，語言文字爲德之末，乃敷衍孔子之德本說而發。

義堂雖認爲仁義皆出乎心，而人文爲德之本，但季弘大叔(70)則將仁解作心，且主張復性之必要。曰：

仁也者何？人心也。濂洛諸君子以仁義禮智爲人之性，前人未發之鐍鍵也。紫陽朱夫子之言曰：仁者愛之理，心之德，斯言盡矣！我輩均是物也，犯稱萬物之長，其只有一箇之仁乎？且乎人心之妙，虛靈洞徹，備衆理，應萬物，云云。明明歷歷，有少不休，或爲嗜欲所蔽，有時而昧，有良師良友之砭鋤之，而復于固有之性，則譬如日之東升而靡幽而不照，四方之至廣，天地之至大，豈非我心府中之一物乎。㉛

人類原始，對生命意識力甚微，所遇變化，不知其然，僅仰視於天而已。嗣知識漸開，想像天有主宰爲天帝。帝有意志，乃有命令，爲天命。性，从心，从生，人以心領悟，人類秉於天。有生生不息之機，且稟有氣質焉。此生生不息之機，自遠古「無極」（混沌）以至將來「太極」（眞善美）時代，配於變化（進化）之秩序，謂之道。而《中庸》亦以天賦人以性，予人類生生不息之機，順此機動之力以演化，謂之道。㉜因此，季弘不僅言復性之重要，更言要復天賦之性，方能與天合一。曰：

天也者何？道也，理也，性也，誠也，而人之所以爲人，亦無他，以仁，以義，以禮，以智也。故人能正心修身，以復性之始，則天之與我，不約而爲一矣！㉝

雖然如此，季弘此言只是祖述朱子之復性說而已。

就仁義之政方面而言，爲政者如以至善（誠之境）待衆人，衡以誠能動人化人之義，則雖無爲而四方百姓歸之。㉞孔子譬之如北辰，居天之樞而不動，四面衆星環繞而歸向之焉。㉟職是之故，東沼周曮㊱乃言：

天地之間，何物最大？仁而已。前乎千萬世之既往，後乎千萬世之方來，而仁與之相爲終始。大而天地之無際，小而一塵之至微，而仁與之相爲表裏。堯、舜以仁帝天下，禹、湯、文、武以仁王天下，皐、夔、稷、契、伊、傅、周、召以仁相天下，孔、曾、思、孟以仁師天下。五霸，仁之假者也；兩漢，仁之似者也，以至龔黃得仁之緒餘以守郡而一郡治，卓魯得仁之土苴以令邑而一邑安，仁之時功，效大矣哉！是故慈祥豈悌之澤，一形宮庭之奧，而東夷、南蠻、西戎、北狄之遠，皆囿於春風和氣之中矣！矜憐惻怛之意，一動於廟堂之上，而孩童、白叟暨海□，皆席於景星慶雲之下矣！是皆無他，以仁之一字也。⑰

仁義之政，在其主事者推其同情心於民；愛人者，人恆愛之，爲上者能恤民，則民親其上而死其長。政爲求民事之正，人得以遂其生，此爲仁政目的之所在，其有不恤民之生死而圖君之富強者，爲先儒所不齒。因此，東沼乃根據孟子之說以言仁道之無邊效果的廣大。

人與人原有同類之感以推己及人之同情心，其發於行爲者亦莫不各得其宜，故謂仁義服人心之固有，迨乎爲外物如土地等所利誘，乃爭城奪國，反不以人爲重。爲國者爲利是圖，大夫如之，士庶人同之，上下交征利，物交物，人心喪失，以致不奪不饜，則非至弒簒不已。⑱因此，孟子勸告梁惠王：仁者必知愛其親，義者必知急其長，人君躬行仁義，而無求利之心，則便能感化天下，百姓自會親近，擁戴國王。⑲對此一方面的問題，翺之慧鳳⑳有如下見解云：

凡治天下，仁以成經，義以成權，雖寬不可忘於義，雖察不可忘於仁，天下不可以無重望之大臣，天下不可以無遠謀之機臣。無遠謀不能以應時變，無重望不能以服衆心。必有重望之大臣，而副以遠謀之機臣，内以仁與義守之，外以寬與察資之，四海可坐而覩於掌上也。㉛

翺之以爲眞正的德政必須兼仁、義，能兼及仁與義，始能將政治辦得好。爲政者如未能守仁，守義，又不能以寬與察資之，便是失職。未能盡職，則上負於君而下負於民。翺之此言，實乃闡揚儒教之德治主義。足利衍述以爲這段文字議論雄偉，文章俊放，可謂「日本」五山禪僧之政治論的翹楚。㉜

仁者，人也，其著眼在人與人之關係，親親爲大，善推人類同情之心以及人。義者，宜也，人對人之行爲，在求各得其宜，尊賢爲大，後知者歸先知者領導；親親之殺，尊賢之等，禮所生也。㉝仁發於心，形於外，在心内爲仁，形於外者爲行爲，亦稱義。而義爲發於仁之合宜行爲，合宜則合理，故君子以義爲上，無義則行爲不正當，爲亂行，若於小人則更甚，如無義以爲之規範，則必踰越規矩而作奸犯科。㉞職是之故，我們必須將仁義完修，方能成爲君子。在修仁義方面，惟肖得巖㉟云：

仁也，圓而濟物；義也，方而軌物，云云。見義勇爲，臨難不局，則軌物之功立焉。老老幼幼，克己復禮，則濟物之利成焉。仁義成立，然後全德君子也。㊱

楊誠齋平日長於心學，其說仁曰：博愛謂之仁。仁，覺也。世以爲至論，誠之用蓋止於此矣。人之本體爲誠，人善自覺而不失誠者乃仁愛之至。所以彥龍周興㊲說：

……心與仁與覺，三而即一，于眞于俗，表裏而已。儒曰先覺，佛曰大覺，大覺乃能仁氏是也。昔在白鷺池畔，三十年間說《般若》，其肝心爲《心經》。論者曰：《般若心經》，儒家者所談，誠之一字也。嗚呼！誠齋之言，良有以哉！⑱彥龍認爲：禪於頓悟見性，而後得擧救世濟度之實；於儒則正心、誠意後得治國平天下，故儒、釋兩教非二而一致。

以上係就日本五山禪僧對仁義兩字的看法作一番探討，從而得知他們此一方面的見解，大都祖述孔、孟、朱子之言而無甚新意。雖然如此，對儒家的中心思想卻已有充分的瞭解，而已能將其運用於其弘揚禪教方面。

## 五、結語

日本自古以來由公卿社會執牛耳的儒學研究，尤其將儒學作爲家業的博士家之以馬融、鄭玄、何晏、皇侃、孔安國等人之注疏爲研究依據的淸原、菅原、大江諸家，因自平安時代末期開始已家學化、秘傳化，致欠缺自由獨創的研究精神，固定化、僵化而失去淸新感。當此之時，由禪僧東傳了宋儒新說而逐漸普及、興盛起來。理學東傳之初，係以進口許多宋儒新註書，且以對朱子學之造詣極深的辨圓圓爾爲中心從事研究而逐漸興起，從而在其公卿社會中也引起了共鳴。此一事實不僅震憾了博士家的儒學權威，而且隨著時間的流逝，理學深遠的哲理和淸新的魅力便逐漸加深了對公卿社會的影響力。非僅如此，它更給日本朝廷帶來深厚影響，而成爲後醍醐天皇實施「建武新政」⑲的思想原理，並成爲那些革命官僚建立其思想體系之依據。

由禪僧東傳的理學雖從鎌倉時代末期開始，以壓倒博士家之勢滲透於公卿社會，但儒者與禪僧之間的關係，卻從初時之抗拒、排斥而逐漸趨於融合，終至傾其全力於儒學研究，認爲儒學於修禪無害而可以兼學，更有言「不以朱子爲宗，非學也」⑩者。在此情形之下，藤原惺窩⑪、林羅山⑫之輩，便還俗，走出寺院，潛心於儒學研究，終於奠定日本近世儒學興隆之基礎。

得在此附帶一提的就是：岐陽方秀曾爲《四書集註》加上「訓點」（日式句讀），作所謂「家法和訓」，文之玄昌⑬曾加以改訂，而與博士家及五山派之「訓點」鼎足而三。迄至《四書集註》與《周易傳義》爲釋如竹所刊行，文之之「訓點」便普及於日本全國，成爲近世最具權威的「訓點」。而此一版本之對促進日本近世儒學發達之功是難於磨滅的。

〔註釋〕

①義堂周信（一三二五～一三八八），日本南北朝時代（一三三六～一三九二）臨濟宗僧侶。初期五山文學代表作家。號空華道人。土佐（高知縣）人。著有詩文集《空華集》及日記《空華日用工夫略集》。

②宗峰妙超（一二七二～一三三七），俗姓紀，播磨（岡山縣）人。臨濟宗僧侶。諡大燈國師。著有《語錄》三卷。

③龍泉冷淬（？～一三六五），相傳爲後醍醐天皇（一三一八～一三三九在位）之子。著有《松山集》三卷、《海藏和尚紀年錄》一卷。

④西胤承兌（一五四八～一六〇七），京都豐光寺開山。著有《南陽稿》一卷。

⑤冷暖自知，言水之冷暖，飲者自知。領悟的境界，乃唯其本身能知，別人難窺其情。《傳燈錄》〈蒙山道明章〉云：「自證自悟，今蒙指授入處，如人飲水，冷暖自知。」《大慧書》下則云：「到這裏，如人飲水，不著問別人。」

⑥三乘十二分教，皆是拭不淨故紙，指在廁所丟棄之故紙。所謂故紙，就是舊而無用之紙，引申為舊書。因禪門極端厭惡過分重視經典而輕視參禪之實踐，故有時將經典、祖錄之類喻為「拭不淨故紙」。《臨濟錄》〈示衆〉云：「三乘十二分教，皆拭不淨故紙。佛是幻化身，祖是比丘尼。」

⑦參看芳賀幸四郎，《中世禪林の學問および文學に關する研究》（京都，思文閣，昭和五十六年十月），頁二三。

⑧芳賀幸四郎，前舉書頁二四。參看玉村竹二，《五山文學——大陸文化紹介者としての五山僧侶の活動》（東京，至文堂，昭和四十一年五月），頁五一～一〇六；及蔭木英雄，《五山詩史の研究》（東京，笠間書院，昭和五十二年二月），頁二五～八八。

⑨無學祖元（一二二六～一二八六），元代禪僧，號佛光圓滿常昭國師。浙江會稽人。元至元十六年（一二七九），受鎌倉幕府執權（職稱）北條時宗之聘赴日，為建長寺住持。三年後，為圓覺寺開山。在日本停留八年後回國。

⑩兀庵普寧（？～一二七六），臨濟宗破菴派僧侶。蜀人。自幼出家，登育王山參無準師範，契悟，嗣法。元中統元年（一二六〇）赴日，掛錫東福、聖福寺，為建長寺第二代。至元二年（一二六五）返國。

⑪古林清茂（一二六三～一三二九），臨濟宗松源派僧侶。溫州樂清縣人。俗姓林。十三歲時，投天台山國清寺孤巖啓出家，嗣橫川如珙之法。

⑫辨圓圓爾（一二〇二～一二八〇），日本鎌倉時代禪僧，敕謚聖一國師。南宋端平二年（一二三五）來華，參徑山之無準師範而得其印可。其門流稱東福寺派或聖一派。

⑬夢窗疎石（一二七五～一三五一），日本鎌倉時代（一一八五～一三三三）末期禪僧。初學天台、眞言，後歸禪宗而受學於華僧一山一寧。曾栽培春屋妙葩以下許多傑出僧侶，開展日本臨濟宗的黃金時代。著有《夢中問答集》、《臨川寺家訓》等。

⑭大道一以（一二九一～一三七〇），日本臨濟宗聖一派僧侶。俗姓平。著有《赤肉團》（又名《大道和尙語錄》）及其親筆書寫之《普門院經論章疏語錄儒書等目錄》一卷。

⑮岐陽方秀（一三六一～一四二四），臨濟宗僧侶。日本讃岐（香川縣）人。號岐陽，稱不二道人。長於詩文，著有《不二遺稿》等多種。

⑯天倫道彝，生卒年不詳。明初禪僧。曾任嘉興府天寧寺。明洪武五年（一三七二）五月，奉太祖之命東渡招諭日本。抵日後，館於京都西山精舍，遵聖訓，衍正教，聽者聳愕，以爲中華禪伯，故請其主天龍寺。祖闡以帝命辭之。

⑰一菴一如，生卒年不詳。明洪武五年，以使節身分，與天倫道彝偕往日本。賜懷良《大統曆》及文綺、紗羅，但未達到頒示《大統曆》之目的。

⑱岐陽方秀，《不二遺稿》。

⑲足利義政（一四三六～一四九〇），日本室町幕府第八任將軍。平日耽於荒淫酒樂，疎於問政。在位期間曾因繼承人選問題引起應仁之亂（一四六七～一四七七）。曾在京都東山建銀閣（慈照寺），且曾數度朝貢於明，移植中

華文化。又，因其本身之愛好，遂形成「東山文化」。

⑳天與清啓，生卒年不詳。日本臨濟宗僧侶。明景泰四年（一四五三）以從僧身分，成化四年（一四六八）則以正使身分來華。遺有《萬里集》。

㉑回賜，在明代，四夷來朝貢時所獻之方物，明廷並不給價而以物品賞賜，此種賞賜謂之回賜。

㉒瑞溪周鳳（一三九一～一四七三），臨濟宗夢窗派僧侶。和泉（大阪府）堺人。賜謚興宗明教禪師。著有《臥雲日件錄》、《臥雲稿》、《善鄰國寶記》、《臥雲夢語集》、《入東錄》、《脞說》等。

㉓瑞溪周鳳，《善鄰國寶記》下，寬正四年（一四六三）〈遺明表〉。

㉔應仁之亂，日本室町時代（一三三六～一五七三）末期，以京都爲中心發生的大亂。室町幕府原無統治群雄之力，而尤爲中期以後守護大名——諸侯之叛亂所困擾。加之，將軍足利義政的秕政、荒淫無道，致人民之武裝作亂層出不窮，幕府權威掃地。更有進者，各諸侯家之繼承問題，及將軍之繼承人選問題又糾結在一起，終於明成化三年（應仁元年，一四六七）發生二分天下的大亂。東軍以細川氏爲首，西軍以山名氏爲領袖，前後共打十一年，結果兩敗俱傷，幕府威信掃地，莊園制度崩潰，地方武士之勢力增強，遂發展成爲「戰國大名領國制」。又，因此戰亂而許多公卿逃往地方避難，遂促進了地方文化的發展。

㉕橫川景三，《補菴京華集》〈別集〉。

㉖《明憲宗實錄》卷一七〇，成化十三年九月乙丑朔辛卯條云：「杳本國遣正副使竺芳妙茂等來朝，貢馬及方物。賜宴並金襴袈裟、綵緞等物。仍令賫敕及白金、錦緞，回賜其國王及妃。妙茂又以國王意，求《佛祖統紀》等書。

命以《法苑珠林》與之。」《明史》卷三二二，〈日本傳〉，成化十三年九月條。

㉗芳賀幸四郎，《東山文化の研究》（京都，思文閣，昭和五十六年十月），頁一三。

㉘明極楚俊（一二六四～一三三八），臨濟宗松源派。慶元府昌國人。元至順元年（一三三〇），與竺仙梵僊同時受聘赴日。後醍醐天皇賜予佛慧禪師之號。日本廣嚴寺開山。

㉙明極楚俊，〈三教圖贊〉。

㉚明極楚俊，博多〈土都小學士求語〉詩。

㉛明極楚俊，〈雲首座自閑號說〉。

㉜竺仙梵僊（一二九二～一三四八），臨濟宗松源派。慶元府象山縣人。俗姓徐。云至順元年，與明極楚俊同往日本，翌年二月抵鎌倉，爲建長寺第一座。後來歷住淨妙、無量、南禪諸寺。

㉝竺仙梵僊，《來來禪子集》。

㉞陳式兌，《唯人哲學》（廈門，立人書報社，民國三十八年一月），頁三～四。

㉟竺仙梵僊，《來來禪子集》〈歸源說〉。

㊱《中庸》一章云：「天命之謂性，率性之謂道。」

㊲《中庸》十二章。

㊳蘭洲良芳（一三〇五～一三八四），俗姓橘，若狹（福井縣）人。歷住相模（神奈川縣）萬壽，京都萬壽、建仁、南禪等寺，賜謚弘宗定智禪師之號。著有《語錄》一卷。

㊴蘭洲良芳，《語錄》〈建仁寺錄〉。

㊵陳式銳，《唯人哲學》，頁九。

㊶同前註書頁一〇。

㊷夢窗疎石，《夢中問答集》中。

㊸陳式銳，《唯人哲學》，頁五。

㊹《大學》〈傳之十章〉。

㊺高峰顯日（一二四一～一三？），鎌倉代末期臨濟僧侶。雲巖寺開山。後嵯峨天皇之子，隨辨圓圓爾落髮。平生戒律精儼，神器超脫，老少敬畏之，有禪小僧之稱。諡佛國應供廣濟國師。

㊻一山一寧（一二四七～一三一七），宋浙江台州人，臨濟宗楊岐派。俗姓胡。嗣頑極行彌之法。浙江普陀山僧侶。元大德三年（一二九九），奉命持詔東渡招諭日本。鎌倉幕府將其囚禁伊豆（靜岡縣）修禪寺。幕府「執權」（職稱）北條貞時聞其德識，乃將其迎住建長寺。後來歷住鎌倉圓覺，京都南禪等寺而竟不歸。博學而對理學之造詣尤深。工於書法，晚年之草體堪稱一絕云。

㊼乾峰士曇（一二八五～一三六一），日本筑前（福岡縣）人。幼時有神童之譽。曾師事華僧明極楚俊，嗣日僧南山士雲之法。歷住崇壽、東福、南禪、建長、圓覺諸寺，且曾奉詔詣宮中說法。著有語錄《乾峰錄》三卷。

㊽乾峰士曇，《乾峰錄》卷下，〈鼎足記〉。

㊾同前註。

㊿同前註。
㉛義堂周信，《空華集》卷一七，〈文仲說〉。
㉜義堂周信，《空華日用工夫略集》，應安二年（一六九）九月二日條。
㉝義堂周信，《空華日用工夫略集》，應安二年八月四日條。
㉞義堂周信，《空華集》卷二，〈築雲三隱詩和詩序〉。
㉟明教契嵩（一〇〇七～一〇七二），即佛日契嵩。禪宗，雲門宗。廣西藤州人。俗姓李。七歲出家，十三歲得度剃髮。十九歲行腳廣求禪師學之，嗣江西筠州洞山曉聰之法。著有《禪門定祖》、《佛法正宗論》、《補教編》等。宋嘉祐六年（一〇六一），仁宗賜予明教大師之號。
㊱龍湫周澤（一三〇八～一三八八），甲斐（山梨縣）人。俗姓武田。臨濟宗僧侶。歷住惠林、臨川、建仁、南禪天龍諸寺。到處振禪風，王臣緇白靡然嚮化。其朝廷嘉其道譽，欲賜予國師之號而固辭不受。著有《隨得集》一卷，《語錄》二卷。
㊲龍湫周澤，《隨得集》。
㊳陳式銳，《唯人哲學》，頁二八。
㊴《孟子》〈盡心篇〉下。
㊵陳式銳，前舉書頁一六。
㊶《論語》〈雍也篇〉。

62中巖圓月（一三〇〇～一三七〇），臨濟宗大慧派。日本相模人。元泰定元年（一三二四）來華，至順三年（一三三二）返國。著有《語錄》及《東海一漚集》。
63中巖圓月，《中正子》〈仁義篇〉。
64《論語》〈學而篇〉。
65同60。
66同63。
67同前註。
68同前註。
69義堂周信，《空華集》卷一二，〈序用文上人詩軸〉。
70季弘大叔（一四二一～一四八七），日本臨濟宗聖一派僧侶。備前人。自幼出家，十三歲時參東福寺之竹庵大緣而嗣其法。歷住東福、海會諸寺。著有《蔗軒日錄》二卷，《蔗庵遺稿》一卷。
71季弘大叔，《蔗菴遺稿》〈東明說〉。
72《中庸》一章云：「天命之謂性，率性之謂道。」
73季弘大叔，《蔗菴遺稿》〈天啓說〉。
74《論語》〈爲政篇〉云：「爲政以德，譬如北辰，居其所而衆星共之。」
75陳式銳，《唯人哲學》，頁一一二。

⑯東沼周曮（一三九一～一四六二），京都南禪寺僧遊叟之弟子。董相國、南禪二寺，晚年住建仁寺栖芳院。對儒、釋兩教之經典久造詣深，好讀《莊子》。遺有《流水集》四卷。

⑰東沼周曮，《流水集》〈嘉邦說〉。

⑱陳式銳，《唯人哲學》，頁一二四。

⑲《孟子》〈梁惠王篇〉上云：「孟子見梁惠王，王曰：「叟不遠千里而來，亦將有以利吾國乎？孟子對曰：王何必曰利，亦有仁義而已矣。王曰：何以利吾國？大夫曰：何以利吾家？士庶人曰：何以利吾身？上下交征利，而國危矣！萬乘之國，弑其君者，必千乘之家；千乘之國，弑其君者，必百乘之家，萬取千焉，千取百焉，不爲不多矣，苟爲後義而先利，不奪不饜。未有仁而遺其親者也，未有義而後其君者也。王亦曰：仁義而已矣，何必曰利？」

⑳翺之慧鳳，日本美濃（岐阜縣）人。岐陽方秀之弟子。曾來華遊蘇杭。著有《竹居清事》、《西遊集》、《投贈管答等諸詩小序》各一卷。

㉑翺之慧鳳，《竹居清事》〈德政論〉。

㉒足利衍述，《鎌倉室町時代之儒教》（東京，有明書房，昭和四十五年五月），頁三七五。

㉓《中庸》十二章。

㉔《論語》〈陽貨篇〉云：「子路曰：君子尙勇乎？子曰：君子以義爲上。君子有勇而無義，爲亂；小人有勇而無義，爲盜。」

⑧⑤惟肖得巖，世稱雙桂和尚。日本備中（岡山縣）人。著有《東海瓊華集》七卷，《語錄》二卷。世壽七十八。

⑧⑥惟肖得巖，《東海瓊華集》卷三，〈方中字說〉。

⑧⑦彥龍周興（一四五八～一四九一），號半陶，日本山城（京都府）人。其法嗣相國寺默堂和尚，儒學則師事釋橫川景三。著有《四題惟策》二卷，《半陶稿》六卷。

⑧⑧彥龍周興，《半陶稿》卷二，〈楊叔字說〉。

⑧⑨建武新政，建武元年（一三三四），在後醍醐天皇親政下所實施之政治改革。因違背歷史之發展而其政治理想求之於古代的政策，引起武士階層的不滿。翌年因足利尊氏之叛變而告失敗。當時稱此一政治爲「公家一統」之政治。

⑨⓪咲雲，《古文眞寶鈔》前集，〈朱文公勸學文〉云：「以一心窮造化之妙，至性情之妙。正《四書》、《五經》之誤，作《集註》，作《易本義》，流傳儒道正路於天下者莫若朱文公。不以朱子爲宗，非學也。」

⑨①藤原惺窩（一五六一～一六一九），日本江戶初期儒學家。初爲相國寺僧侶，後來還俗，將朱子學作其獨特的體系化而創京學派。著有《千代もと草》、《四書五經倭訓》等。

⑨②林羅山（一五八三～一六五七），號道春。江戶幕府儒官之祖。初爲建仁寺僧侶，後爲藤原惺窩之門人。德川家康之侍讀。曾從朱子學之立場嘗試叙述日本史，著有《神道傳授》、《本朝神社考》、《本朝通鑑》、《羅山文集》等。

⑨③文之玄昌（一五五五～一六二〇），日本臨濟宗僧侶。長於詩。其所訂桂菴玄樹「訓點」之「文之點」（《四書集註》），流行於江戶時代。

# 《論語》研究在日本

## ——以林奉輔爲例（一九一五以前）

### 一、前　言

如據日本史乘的記載，《論語》在晉武帝太康五年（應神天皇十五年，二八四）八月，由寓居百濟的華人王仁正式東傳日本。①王仁東渡扶桑以後，不僅曾經教授其皇太子菟道稚郎子習讀漢籍，且成爲彼邦書首之祖。②更因開始東傳書籍，使得日本的儒風得以開展，而其文教之興，誠在於此。③自此以後，《論語》不僅成爲日域公卿、貴族所必需閱讀的儒家經典，當其聖德太子制訂〈憲法十七條〉時（六〇四），其條文也曾經引用此書章句。④又，當其模仿唐代學制，於其中央設大學寮、地方設國學時，更以此書作爲學子修習的課程之一。⑤因此，《論語》所強調的仁義道德與五倫遂成爲彼邦文教政策之指導原則，而此五倫思想早已根深柢固的深植於日本人的心中，成爲他們平日待人處世之圭臬而至今奉行不渝。千餘年來，不僅始終有人對此一經典作深入研究，且有許多傑出的相關著作問世。同時，也還不斷的輸入中土人士之著作，以提升其對《論語》研究的水平。此一情形，至今仍斑斑可考。

中、日兩國學者有關《論語》的著作可謂汗牛充棟，不勝枚舉，雖然如此，日人林泰輔曾經對中、日兩國學者的此一方面之論著，及該經典之思想源流作綿密、詳盡的調查與研究，分別編、著成爲《論語年譜》、《論語源流》二書，使研究此一領域的學者一覽而得知其研究之詳情，及孔學之所自，與夫孔門弟子及戰國、秦、漢諸家之說之流委。

## 二、林泰輔之學術成就

林泰輔，本名直養，字浩卿，號進齋，後以泰輔通行於世。清咸豐四年（安政元年，一八五四）九月二十六日，誕生於東京附近的千葉縣香取郡常盤村（即今多古東松崎）。他是日本明治（一八六八一九一二）、大正（一九一二～一九二六）時代的傑出漢學家，在東瀛留下不朽的業績。清同治（一八六四～一八七四）間、光緒（一八七五～一九〇八）初，受學於其故鄉的崎門學派泰斗並木栗水的門下，後來前往東京，於三十歲（光緒九年、明治十六年，一八八三）進入東京大學古典講習科漢書課接受漢學教育，四年後結束此一學習課程。明年，轉往山口高等學校任教，旋晉升爲副教授。⑥年四十一（光緒二十年、明治二十七年，一八九四），爲從事學術調查，曾經前往朝鮮。明年，因病辭去教職。又明年六月，受聘爲東京帝國大學⑦文科大學副教授。惟他擔任此一職務的時間卻僅有年半而已。光緒二十五年至三十四年，他曾先後擔任東京高等師範學校講師，日本文部省（日本）國語調查委員會補助（助理）委員，及（日本）國語教科書編纂委員等職。五十五歲那年（光緒三十四年，明治四十一年，一九〇八）九月，回到東京高等師範學校擔任教授。年六十一（民國三年，大正三年，一九一四），他提出《上代漢字之研究》一文，獲得文學博士學位。兩年後，因著作《周公及其時代》一書，得「帝國學士院恩賜賞」（日本學士院天皇奬）。

初時，他曾經從事韓國史之研究，於明治二十五年（光緒十八年，一八九二）三十九歲時著《朝鮮史》，三十四年（光緒二十七年，一九〇一）著《朝鮮近世史》，三十五年（光緒二十八年，一九〇二）著《朝鮮通史》，成爲清末日本學者研究韓國史之開拓者。後來將其研究領域轉向中國古代史，當劉鐵雲（一八五七～一九〇七）發現甲骨文以後，泰輔首先將它介紹給日本學術界，且曾於六十五歲時（民國七年，大正七年，一九一八）刊行《龜甲獸骨》一，三年後刊行其卷二，於是林氏便成爲日本研究甲骨文之先驅。

林氏畢生致力於學術研究，而於漢學尤有輝煌之業績，遂成爲日本當年漢學之泰斗。民國十一年，因病去世，享年六十九，歸葬於其故里。林氏一生著作不少，已經出版的主要作品有下列十二種：

1. 《朝鮮史》，明治二十五年（光緒十八年，一八九二）刊行。
2. 《朝鮮近世史》，明治三十四年（光緒二十七年，一九〇一）刊行。
3. 《漢字要覽》，明治四十一年（光緒三十四年，一九〇八）刊行。

4.《朝鮮通史》，大正元年（民國元年，一九一二）刊行。
5.《四書現存書目》，大正三年（民國三年，一九一四）刊行。
6.《周公及其時代》，大正四年（民國四年，一九一五）刊行。
7.《論語年譜》，大正五年（民國五年，一九一六）刊行。昭和五十一年（民國六十五年），由東京國書刊行會出版其修訂本上、下兩冊。
8.《書經講義》，大正七年（民國七年，一九一八）刊行。
9.《龜甲獸骨文字》卷一，大正七年（民國七年，一九一八）刊行。
10.《龜甲獸骨文字》卷二，大正十年（民國十年，一九二一）刊行。
11.《上古中國之研究》，昭和二年（民國十六年，一九二七）刊行。
12.《論語源流》，昭和四十六年（民國六十年，一九七一）刊行。

《上古中國之研究》一書，係輯他生前發表於各學術雜誌之考證及論著而成，載有井上哲次郎⑧、市村瓚次郎⑨、岡田正之⑩、瀧川龜太郎⑪四位博士之〈序〉。岡田正之在〈序〉中簡述其學術成就云：

東京大學古典科，碩學名士輩出，或以歷史見長，或以文章名聞於世，或以作育英才流芳千古。其中以經學獨占鰲頭者應爲浩卿林博士。博士學術淵懿，識見超邁，如稱其爲明治、大正間之一大鴻儒，自非溢美之辭。

又云：

回顧當世之精於訓詁學之經學家，每疎於性理之義；明於性理之義者，卻又缺乏考證之法，故難免各偏一方。而博士之學則三者俱兼，復通於史學。易言之，博士之學問乃以經學爲經，史學爲緯，而其鑽研學問之途徑凡四變：初在鄉里，以程朱之學爲宗，通性理之義；及入古典科，則事考證之學，此爲第一變。自古典科畢業以後，於作育英才之餘暇，綜覽韓史，廣輯資料，遠探遺跡，遂著《朝鮮史》，此爲第二變。後來探究詩書，而及於小學，並覃思三代之文物制度，遂有《古代文字之研究》[12]與《周公及其時代》等著作，此爲第三變。博士之學，愈變而愈深愈廣，愈深愈廣而愈精粹，故其編纂論證之著作，多能涉及前人未蹈之境。即使已有人研究，亦均未加以精密考證。如《朝鮮史》之編纂，在日本學者中實以博士爲嚆矢。而其對《周官》之造詣之精深，即使爲清朝樸學家，亦有未能企及之處。至其對甲骨文之鑽研，在其出土後不久即開其釋文之端緒，除清朝劉鶚、孫詒讓外，在日本則可謂由博士開其先河。

更云：

博士著書甚多，而未能脫稿者亦復不少。竊以爲其志未成而逝世，實有兩事值得惋惜。其於晚年原欲赴華訪殷墟，躬親調查甲骨出土處，其準備雖已就緒，只因河北安陽地方不寧而展延行期，終至未能成行而與世長辭，此爲值得惋惜之第一件事。他夙有彙編日本人所爲解釋經書與子書之志，而蒐集日本名儒之著作。就經部言之，即已多達六百九十部，一千九百餘冊，卻未能刊行，此為值得惋惜之第二件事。

林泰輔在日本漢學界獲享盛名，主要是他在晚年集中精力研究甲骨文。光緒二十五年（明治三十二年，一八九九），從河南省湯陰縣之殷墟出土的甲骨文字，經劉鶚於二十九年刊行《鐵雲藏龜》六冊以後，我國學術界曾為其眞僞問題掀起一陣論爭，在日本則唯有林泰輔以為它們是研究中國古代史極其重要之資料而從事考證。惟因尚未見到實物，故未為文發表。後來，有百數十片甲骨被帶至日域，經他研究結果，證實其考證確實無疑，乃從宣統元年（明治四十二年，一九〇九）八月起，以《清國河南省湯陰縣發現之龜甲牛骨》為題，在日本史學會發行之月刊《史學雜誌》第二十編第八至十號，發表其考證結果。日本學者以為此一結果可與清末宿儒孫詒讓之《契文舉例》（一九〇四刊行）媲美。當時林泰輔乃為日本學術界公認之漢學翹楚，故其所提此種有嶄新見解之論文，曾經震驚了扶桑三島。已故慶應義塾大學研究所斯道文庫研究員阿部隆一以為林泰輔之所以研究甲骨文，並非追求新奇事物，乃是為解釋中國之古代文字，及探究三代的文物制度，而利用所有文獻與遺物之必然結果。

下文擬就林氏有關《論語》之鉅著——《論語年譜》及《論語源流》之內容及其特色作簡單的說明，倘能因而對民國初年以前中外學者所為《論語》研究之結果，或刊刻此一經典之情形有所瞭解，則撰寫本文的目的便已達到了。

## 三、論語年譜

《論語年譜》乃林泰輔有關《論語》的重要著作之一，如前文所說，它刊行於民國五年。該書分爲上、下兩册，上册所載錄者爲〈序說〉及〈本編〉，下册載錄〈寫眞〉（書影）、〈題跋〉及書名、人名、「論語引用語句索引」等索引。〈序說〉記載孔子的簡歷，編纂《論語》的經過，《論語》在周朝所造成之影響，以及漢代以後《論語》在世界各國流行之概況。〈本編〉則以編年體方式錄列與《論語》有關之各種史實，與夫東西洋各國刊刻此一經典，或撰述相關著作之情形。由於它係以條舉方式臚列，故能使讀者過目以後，對世界各國學者研究、刊刻《論語》之情形，與其典據之所在，以及歷代學者對它之見解，自會有一番瞭解。該書上册所載〈例言〉云：

1.本書將所載錄之內容析爲「史實」、「傳述」、「鈔寫」、「刊刻」四項。「史實」載錄見於史書、傳記等文獻而與《論語》有關之事實；「傳述」載錄有關《論語》之解釋，或評論之著述；「鈔寫」、「刊刻」二兩項則雖別立項目，然於傳述中附刊刻者亦復不少，故此分項祇隨其便宜而爲。

2.論述歷代帝王之祭拜孔子，加諡號，建聖廟，行釋奠⑬與夫孔子之履歷、學術等之著作而與《論語》有關者甚夥，且與該書之流行相輔而成者亦多，故此類文獻也在輯錄之列。

3.《論語外篇》、《和論語》⑭、《女四書》⑮等著作，其內容雖與《論語》大相逕庭，並不相侔，惟其既冒《論語》之名，則畢竟可見其流行之形勢，故亦予載錄。

《論語》研究在日本——以林奉輔爲例（一九一五以前）

4.史實及傳述年代不明者繫其作者之卒年，而於各該記事之首加「○」號；年代不明而僅知其係在某帝某王及某年號之時代者，則繫該時代之末；又如認爲大約在某年前後者則繫於該年。凡屬推斷者則於各該記事之首加「*」號。

5.凡引用《論語》章句者皆加「」號。

6.凡與《論語》有關者之姓名之下皆加括弧以書其字號；字、號不詳者則付之闕如。

7.凡歐美人士之姓名及其著作，俱以（日本）國文書寫，並在其下端括弧內載錄其原文。

8.凡在近世所出版《論語》注釋書之被刊數次者，祇舉其二三而不悉記，以免其繁雜。

9.本書前後有文體不同處，所引書亦有詳略之異，惟因付梓時間緊迫而無暇訂正，姑從舊稿。

10.凡屬《論語》之古老版本、舊鈔本之珍貴者，皆拍攝其部分書影以爲附錄。

11.凡《論語》題跋之於考查上可爲參考者亦予附錄。

由此《例言》，我們不僅可從而得知林奉輔編纂此書時所採用之體例，也明瞭其所輯錄者不僅有自古以來中、日兩國學者所爲有關《論語》之著作，也涵蓋韓國、越南及歐美各國學者之論著。茲舉其一、二例子如下：

己卯　後小松天皇應永七　朝鮮定宗二　明惠帝建文二　西紀一四〇〇

日本

鈔寫：某氏鈔寫《論語集解》十卷，此書爲男爵野村素介所藏。

朝鮮

史實：十一月，太宗即位於松京，詣國學，謁先聖。謁聖之禮始此（《文獻通考》〈學校考〉四）。

支那

史實：吳興弼（康齋），年十九，見〈伊洛淵源圖〉，慨然嚮慕，遂讀《四子》、《五經》、《洛閩語錄》，不下樓者數年云（《明史》〈儒林傳〉）。

丙午　光格天皇天明六　清高宗乾隆五一　西紀一七八六

日本

史實：德川家治（浚明公）召成島道筑，令講《四書》、《五經》等（《德川實紀》附錄）。尾州侯德川宗睦（源明公），親書《論語》正文，以爲明倫堂內聖廟之神主，於二月十三日釋奠。

此書爲卷子本，每行長九寸，寬五分，無界欄。分爲上下二卷，乃侯爵德川家世襲之實物。

傳述：伊藤善韶（東所）撰《四書古義抄翼》七卷（《論語》四卷）。

○手島信（堵菴）撰《論語解》。

刊刻：溪世尊（百年）刊行《經典餘師》十卷（《論語》四卷）。

＊岡藩刊行姥柳淳平書《四書白文》三册。

支那

傳述：王巡泰（岱宗）《四書劄記》九卷（《論語》四卷。）

〇王元啓（惺齋）撰《四書講義》十卷（《碑傳集》）。

〇孔廣森（㢑軒）撰《經學危言》六卷，其中有《論語》一卷。

西洋

史實：法蘭西人亞米歐（Amiot）撰《孔夫子傳》（Confucius, vie de koung-tsée）一篇，刊登於《支那人叢誌》十二號（Memoires concernant les Chinois, XII）。

傳述：奧地利人耶魯（Noël），譯《論語》及其他經書，撰成《支那古典叢書》七卷，其中第三、第四兩卷爲《論語》。

上文所舉者爲《論語年譜》之編輯體例，其所輯錄《論語》之相關著作，除舉中國、日本、韓國、法國、奧地利等國家外，也還收錄安南、英國、德國、美國、俄國、波蘭、荷蘭、香港等國家及地區之論著。而本書所載錄者始自孝元天皇⑯十三年（前漢高祖五年，前二〇二），止於大正四年（民國四年，一九一五）。因此，凡是在大正四年以前在世界各地刊行的《論語》之重要論著，或與它相關之重要史實，均可從本書中找到。又，本書所錄列者雖依年次序列而無目次可資查尋，但於每頁邊欄分別記載中、日、韓三國年號及西元，所以檢索相當方便。

就其下冊所附書影而言，它們都是經過編者一番選擇以後拍攝之重要版本與鈔本。它們包括中國的漢石經、唐石經、宋版、元版、唐鈔本、舊鈔本《論語》等三十二種，以及滿文繙譯《論語》、英譯《論語》等，共收錄四十三種，並附言其典藏之所在，且多作簡單扼要之說明。就其卷首所附漢石經《論語》而言，在其首葉正面記：「第一漢石經論語二 編者所藏」，背面則言：

漢石經論語零簡三葉

一、長七寸，寬三寸強

二、長七寸一分，寬三寸

三、長六寸六分，寬三寸三分五厘

漢石經乃因漢靈時經書文字多謬誤而予以正定，令蔡邕以八分書書之，刻諸石上而立於大學門外者。其原石已毀損湮滅，故其字之傳於今日者，《論語》僅有《爲政篇》七十餘，《堯曰篇》三十餘字而已。左舉零簡乃孫承澤（退谷）、黃易（小松）傳與阮元（雲臺）、端方等人，而於光緒間影印者。此固未必爲漢代原石之拓本，卻可窺其原貌。今舉其一、二、三兩面。

上舉一、二、三之尺寸爲該漢石經《論語》三葉之長度與寬度。

其對日本正平版《論語集解》十卷二冊所作〈題解〉，則首言此書版式爲「半葉六行，每行十三字。界欄長六寸九分至七寸二分，寬六寸」。次言：

此書刊行於後村上天皇正平十九年（西紀一三六四），因卷末言堺浦（大阪府）道祐居士命工重新鏤梓，故可知前此已刊行，惟今已不傳。道祐蓋爲道祐之誤。道祐乃足利義氏之第四子祐氏。祐氏幼而喪父，隨母居泉州堺浦，後歸釋氏，故名道祐。此書版式維持卷子本原貌。筆劃奇古，往往用六朝俗字。經、注俱多助辭，故本唐以前之舊秩無疑。

正平版《論語》凡有四通，單跋本、無跋本、學古神德本、西周本是也。而此單跋本即爲第一原本，故後世覆刻者多，市野光彥本、古逸叢書本是也。

由所刊錄之書影，我們不僅可以瞭解《論語》東傳日本以後至民國四年爲止，在彼邦刊刻此一儒家經典之情形，及其各種版本之版式，而且從其附錄之二〈題跋〉得悉刊各重要版本之由，及那些版本東傳日域以後華人爲其作跋，或在中土刊行者之被日人據以重刻發行之始末。例如：我們可從羅振玉（一八六六～一九四〇）於寓居日本宸翰樓時所作〈論語鄭氏跋〉得知，此一《論語》版本乃唐以後久佚而爲日本學者所得者。該〈跋〉云：

> 鄭注《論語》，唐以後久佚。宣統庚戌，東友内藤湖南、富岡君撝兩君，先後寄其國本願寺主大谷氏所得西域古卷軸影本至京師，中有《論語》〈子路篇〉残注九行。予據《詩》〈棠棣〉正義所引，定爲鄭注，已詫爲希世之寶，爲之印行矣！越四年，法友伯希和君（法國人Paul Pelliot，一八七八～一九四五）又寄此卷影本至，則由〈述而〉至〈鄉黨〉，凡四篇，視前所見逾十倍，益驚喜欲狂。亟發緘展讀，每篇題之下，皆書孔氏本鄭氏注。楮墨書跡，均與本願寺本不殊，蓋一帙而紛失者也。

又云：

考何晏《論語集解》〈敘〉，謂古《論》惟博士孔安國爲之訓說，而世不傳。又云：漢末大司農鄭玄，就《魯論》篇章考之齊古以爲之注，皇侃注考校齊、魯二《論》，亦注於張《論》也。今此卷明注孔氏本，一若所著爲古《論》者。而其篇次，則〈太伯〉第八，〈子罕〉第九，〈鄉黨〉第十，固明明同《魯論》，知何〈敘〉皇注爲可信。顧孔訓世既不傳，此卷乃明題孔本，初不可曉。且陸氏《經典釋文》亦言：鄭校周之本，以齊古讀正凡五十事，與何、皇說略同。乃反覆考之《釋文》所舉鄭氏校正諸字，則皆改《魯》從古，無一從《齊》者。始悟此卷所謂孔氏本者，乃據孔氏古《論》改正張侯《魯論》，而何、皇諸家謂考校《齊》、《魯》者，蓋張禹本受《魯論》，兼講《齊》說，善者從之。（見《集解》〈敘〉）鄭君既注於張《論》，則不異兼采《齊論》，其實固僅據古正《魯》也。此卷寫官漫題孔本，雖不免小疏，然因此而得知其實，亦可喜矣！

據此羅氏《論語鄭氏跋》，非僅可知《論語》古鈔本之佚存海外者的情形，復可從而瞭解鄭康成注釋之所據。職是之故，林泰輔此書下冊所輯錄者雖俱爲書影與題跋，卻可使我們增進海內外《論語》版本之知識。

至其下冊卷末所附〈索引〉，如據其〈例言〉，則其編排方式乃將本書〈序說〉、〈本編〉及〈附錄〉所錄之書名、人名，及其所引用之《論語》章句之三者分別加以錄列。書名中，如〈乘桴說〉、〈論語序〉之類；人名中，則將孔子之尊號，寺名及與此相類者亦加以收錄；而更在書名、人名的頁碼之下附（史）、（傳）、（刊）、（鈔）等，以明其爲出自「史實」、「傳述」、「刊刻」或「鈔寫」等項目，使讀者便於檢索。

林泰輔之所以編纂《論語年譜》，文學博士萩野由之在此書〈跋〉中說：

《論語》乃自中國東傳日本的最古老之漢籍，爾來無論何時何世，均受日人尊重，而政治、文教之有賴此書之惠者甚多。男爵澁澤青淵自幼即尊奉此書，無論進退，一依於此。遂倡《論語》算盤之說，以促進工商業者之智德，藉此教誨以使其人格之高尚。故向日本實業界鼓吹《論語》者蓋以先生爲始。今歲（一九一六）先生年七十七，俗謂之喜壽。龍門社評議員會長法學博士男爵阪谷芳郎君欲新編纂《論語年譜》獻與先生，以祝其壽，而與文學博士三上參次君及余謀。余等對此甚爲贊成，乃與諸同人謀而推薦文學士林泰輔君爲此書之編纂者。

亦即林氏之編纂此書之緣起原在於爲澁澤青淵祝壽。澁澤之生平不詳，然由此〈跋〉觀之，應爲清末民初的日本工商界人士。而林氏本人亦在其〈跋〉中敍述編纂此書之經過說：

男爵澁澤青淵先生夙奮力於實業界，久馳其盛名於中外。先生平日篤信《論語》，一言一行皆則之。其指導後生子弟，亦無不以之爲榘矱。今茲丙辰值先生喜壽，因由先生門下所組織之龍門社之評議員會長法學博士男爵阪谷芳郎君等謀，卜十一月良辰開壽筵，且撰《論語年譜》呈之以表祝賀之意，而囑余編纂。惟古今中外有關《論語》之著作不啻汗牛充棟，而且未聞有人曾將《論語》問世以來之諸史實以年表方式加以記載者。於今龍門社有此舉，誠爲學術界值得慶賀之盛事，此不可不謂爲一以先生崇信此書之餘慶。余學淺菲才，不足當其任。更何況余之始接阪谷男爵之交涉，乃去年十一月，而除印刷、裝訂諸事，其能眞正從事編纂之日子不足十個月。故欲於此短暫時間內完成編著前此未有之書，實難免稍感不安。

因此，林氏頗爲躊躇，不敢輕然諾，然因受三上參次、萩野由之兩人之勸誘激勵，方纔接受此一艱鉅工作。該《跋》又說：

爾來乃求助於（東京大學）文科大學史料編纂官和田英松君，東京高等師範學校教授中村久四郎君、講師萩原擴君及其他數人之力，孜孜矻矻從事編纂。奈何其年代長達二千數百年，區域則跨越東西兩洋，而事蹟浩繁，有如烟海。故要加以調查、整理，決非易事。隨著本調查工作之進展，始驚歎於其相關事實及其注釋、評論之書之愈益增多。然光陰似箭，倏忽居臨截稿之期，乃不得不姑且整理堆積如山之稿件以付梓。

由於林氏係在不及十個月的短暫時間完成此一艱鉅的編纂工作，故其所載錄之事實容或有譌誤，所記載之事項容或有遺漏或蕪雜之處，但小瑕不掩大瑜，其對學術界的貢獻，功不可沒。

## 四、論語源流

林泰輔對中國經學最有精深研究之著作，應爲《論語源流》。阿部隆一教授云：

岡田正之博士對林博士之評價，只要從上列已經刊行之著作當中即可獲得證明。至其對經書之造詣之深，亦可從《論語源流》見其端倪。⑰

此《論語源流》係將林氏未刊親筆稿本上下兩冊影印而成。稿本由其子林直敬所藏，目前則寄存於東京慶應義塾大學附屬研究所斯道文庫。作者在〈序〉中謂：

天下之水必有源，有流，而後可以極其大，而達諸遠也。若夫驟雨沛然，溝澮皆盈，則其涸也可立而待，亦何足盡水之大觀哉！孔子之學，猶有源之水也。是以其流愈遠，其澤亘千歲而不竭。〈傳〉曰：仲尼祖述堯舜，憲章文武。余嘗謂孔子之所祖述憲章者，不獨堯舜文武也。蓋漢土開闢尤久，廣輪尤大。殷周以前，興廢不一。聖君、賢相、偉人、傑士之出于其間者，指不遑僂；孔子生其後，審思敏求，學而不厭。治夏殷之禮，講文武周公之道，無偏無黨，取舍折中，本數百世之經驗，會而通之，理而行之，是其流之所以愈遠而愈大也歟？如夫諸子鑿空創造，索隱行怪，雖非無聳動之視聽者，亦行潦之水耳，豈可與河海同日而語哉！

又謂：

意錄孔子之言行聚精拔萃者，莫《論語》若焉。今參諸其前後之書，有源有流，顯委甚明。而先儒未有彙輯成編者，於是竊不自揆，考其源流，劃爲三欄。上欄：錄孔子以前及同時之言，以明其學之所自；中欄：揭《論語》正文；下欄：錄孔門弟子，及戰國、秦、漢諸家之說，以示流委之一斑。但上欄所載果爲孔子以前及同時之言否，有未可遽定者，姑因卑見，錄之中欄。《論語》正文據漢、唐石經寫本，及皇朝古本等訂其異同。以爲私家定本雖未及闡發聖言，庶得以覷天下之大觀。

由此〈序〉可知林氏撰著此書之體例與方式。文中所謂唐石經唐寫本，林氏對其所作〈題解〉云：

唐石經《論語》乃於文宗開成三年（八三七）使鄭覃等將十二經勒於石者之一，其勒《論語》者凡八石，分八層十區書之。長六尺五寸，每層高自七寸二三分至七寸五六分不等。第一區寬一尺七寸，凡十九行；第二區寬一尺五寸，凡十六行；第三區寬一尺九寸，凡二十行；第四區寬一尺七寸，凡十九行；第五區寬一尺七寸餘，凡二十行；第六區寬二尺一寸，凡二十四行；第七區寬二尺六寸弱，凡三十一行；第八區寬二尺弱，凡二十三行；第九區寬一尺九寸，凡二十二行；第十區寬一尺五寸，凡十七行。每行皆十六字，而《論語》總字數爲一萬六千五百九，其石現今猶存於西安之碑林。

至其所謂皇朝古本，即用以校勘之舊鈔本，共有下列十二種：

1. 寬元本：日本東洋文庫所藏，鈔於寬元元年（南宋理宗淳祐三年，一二四三）。
2. 三寶院本：醍醐寺[18]三寶院所藏，鈔於文永五年（南宋宗度咸淳四年，一二六八）咸淳六年，中原師季句讀，現存卷七。

3.高山寺本：高山寺⑲所藏，嘉元元年（元成宗大德七年，一三〇六）鈔成，現存卷四八。

4.神田本：原由已故日本學士院會員神田喜一郎博士所藏，目前已由其哲嗣明治大學教授神田信夫先生將其捐贈給京都大谷大學圖書館庋藏。德治三年（元武宗至大元年，一三〇八）鈔，現存三十卷。

5.嘉曆本：日本宮內廳書陵部藏，嘉曆二年（元泰定四年，一三二七）、嘉曆三年（元天曆帝天曆元年，一三二八）鈔。此乃仁治三年（南宋淳祐二年，一二四二）清源教隆加點本之重鈔。

6.宗重本：日本東洋文庫所藏，鈔於日本南北朝時代（元末，一三三六～一三九二），載有貞和三年（元至正七年，一三四七）左中將宗重之識語。

7.大永本：東洋文庫所藏，大永四年（明世宗嘉靖三年，一五二四）鈔成。

8.永祿本：東洋文庫所藏，鈔於永祿六年（明世宗嘉靖四十二年，一五六三）。缺卷六以下。

9.皇疏本：《論語義疏》，足利學校⑳遺跡圖書館所藏，鈔於室町時代（元末至明神宗萬曆初年，一三三六～一五七三）之間。

10.秋田本：原由根本通明所藏，現藏於日本秋田縣立圖書館。鈔於室町時代。

11.足利本：《論語義疏》，日本國立國會圖書館所藏，鈔於江戶時代（明代中葉至清末，一六〇三～一八六七）之間。因書中記載「文明十四年（明憲宗成化十八年，一四八二）寫於足利」，故其所指者或許爲本書。

12.藤堂本：藤堂家本。大正十二年（民國十二年，一九二三）東京發生大震災時燒毀。《論語源流》係以毛筆寫成，因稿中貼有不少追記，間亦夾有以鉛筆書寫之小紙片，故可能尚未定稿。其中欄記載著《論語》之篇名與葉數。封面之字爲其好友岡田正之博士所題。至於本書之體例，作者在其〈例言〉中云：

1.《孟子》、《荀子》、《禮記》、《大戴禮》諸書所載孔子之言，或出孔子所承前人之説，故錄之上欄。

2.故事用語，雖未必本與《論語》相關者，思想、言語之系統，可由以繹其源委者，亦併錄之。

3.《論語》正文記孔子行事，及弟子言行者，低一格以別之，以其係記者所述也。

4.篇中訂經文異同，其所據有漢、唐石經（漢石經據洪适隸續所引）、唐寫本（敦煌石室所出鄭注本，有唐龍紀二年識語），及皇朝所傳嘉曆本（嘉曆二年及三年，釋禪澄據仁治三年清原氏所傳本所寫）、藤堂本（藤堂家所藏，有貞和二年識語）、正平本（有堺道祐居士重新命工鏤梓，正平甲辰五月五日謹誌跋文）、足利本（足利學校所藏文明鈔本）、皇疏本（足利學校所藏梁皇侃疏）、天文本（題簽云：東京《魯論》，世稱南宗《論語》者，有天文癸巳清原宣賢序）等數種。嘉曆本以下盡同者，稱皇朝古本，不復列舉書名。其他如《史記》、《漢書》、《群書治要》所引，互有出入，亦間取之。

本書除〈凡例〉及〈跋〉係用日文書寫之外，其餘俱用中文，所以即使不諳日文，閱讀本書也不會有絲毫妨礙。

本書以用以校勘之版本，其〈題解〉、〈序〉、〈跋〉、書影，多見於前《論語年譜》下冊，故如能相互對照參看，必能收更大之效果。

## 五、結語

先儒論道，重在人與人之間的關係，其追求者，爲格物、致知、誠意、正心等，要在修完美之人格。以本身爲單位，由親及疎，自近而遠，推至一家一國，以達於天下。所求至善，爲人生，屬倫理，貫穿於人生哲學及政治哲學之中。㉑此種理念隨《論語》之東傳而傳至日域。因此種理念頗適宜彼邦風土，故此書東傳以後不久，不僅成爲日本公卿、貴族所必讀之經典，其所主張者也成爲彼邦文教政策之根本。所以自古以來日域人士之研究此書者輩出，其相關著作之多直可謂汗牛充棟，在此所舉者只不過其中之一而已。

早在林泰輔之前，雖因朱晦菴之《四書集註》東傳而風靡一時，但在明憲宗成化四年（應仁二年，一四六八），以居座身分隨其朝貢正使天與淸啓㉒聯袂來華的桂菴玄樹㉓在東返以後，不僅給《四書》新訓點，也還開拓了薩南學派。㉔然亦有以朱熹之學說爲宋儒主觀論而加以排斥，進而倡言應直接回歸孔孟原有經典，以求聖人之本旨而主張復古，並反對朱子之忽視理氣說與現實之靜的世界觀，而採宇宙人道之活動的立場，而倡一元氣論之伊藤仁齋㉕等人的研究成果，及爲古義學開新生面而完成古文辭學派（蘐園學派）的荻生徂徠㉖，和成爲日本陽明學派之始祖的中江藤樹㉗諸人之成就値得我們探討。雖然如此，林泰輔在此一領域之業績也値得稱美，遂不揣淺漏，値此孔子三千五百四十二歲誕辰，及《聯合報》創刊四十年之佳期，特介紹國人較爲陌生的林氏所爲有關《論語》研究之成果，以就教於方家，並兼表誌慶之意。

〔註釋〕

①：《古事記》〈應神記〉云：「故授命以貢上人和邇（王仁，Wani）吉師，即《論語》十卷，《千字文》一卷，並十一卷，付是人即貢進。」按：《千字文》在此一時期尚未成書，故〈應神記〉所謂王仁貢此書之事値得商榷。參看鄭樑生，〈漢籍之東傳對日本古代政治的影響——以聖德太子爲例〉（《中外關係史國際學術研討會論文集》，淡水，淡江大學歷史學系，一九八九）。

②：《日本書紀》〈應神天皇紀〉，十五年八月條云：「百濟王遣阿直岐貢馬二匹，……阿直岐亦能讀經典，即太子菟道稚郎子師焉。於是天皇問阿直岐曰：如聖如博士亦有耶？對曰：有王仁者是秀也。時遣上毛野君祖荒田別巫別於百濟，乃徵王仁也。其阿直岐者，阿直岐史之祖也。」該〈紀〉十六年二月條又云：「王仁來之，則太子菟道稚郎子師之，習典籍於王仁，莫不通達。故（衍）所謂王仁者，是書首之始祖也。」所謂「書首」，就是指紀錄官而言。

③：《續日本紀》〈桓武天皇紀〉，延曆九年（唐德宗貞元五年，七九〇）秋七月乙丑朔辛巳條紀錄圖書頭從五位上兼東宮學士左兵衛佐伊豫中津連眞道等人所上之表文云：「眞道等本系出自百濟國貴須王。……輕島豐明朝御宇應神天皇命上毛野遠祖荒田別使於百濟搜聘有識者。國主貴須王恭奉使旨，擇採宗族，遣其孫辰孫王（一名智宗王）隨使入朝。天皇嘉焉，時喜寵命，以爲皇太子之師矣！於是始傳書籍，大展儒風。文教之興，誠在此。」表文中所謂辰孫王，究竟是否爲王仁之別名，抑或另有其人，今已無可考。

④：參看註一所舉鄭樑生之論文。

⑤：參看鄭樑生，〈唐代學制對日本古代教育的影響〉（《淡江史學》，第三期。淡水，淡江大學歷史學系，一九九一）

⑥：此係舊制，現今稱中、小學教師爲教諭。

⑦：留學美國的森有禮（一八四七～一八八九）於一八八五年十二月二十二日擔任第一次伊藤博文內閣之文部大臣以後，即根據於其翌年頒布之〈帝國大學令〉，將東京大學改組成爲包括法、醫、工、文、理等各分科大學（學院。一八九〇年加上農科），及大學院（研究所）之綜合大學而改稱帝國大學，以培養能夠因應國家所需之學術研究與人材爲目的。其畢業生多爲政府高階層官吏、財經界之領導人物，及高級技術人員。一八九七年，因設京都帝國大學，乃改稱爲東京帝國大學。戰敗後去掉帝國兩字，稱東京大學。

⑧：井上哲次郎（一八五五～一九四四），哲學家。東京大學畢業，留學德國東歸後，擔任其母校教授之職。他曾致力於移植德國的觀念論哲學，並提倡現象即實在論，而企圖組織包括東西思想之哲學體系。晚年則潛心於研究

漢學，留下不少著作。

⑨：市村瓚次郎（一八六四～一九四七），茨城縣北條町人。字圭卿，號器堂。一八八七年畢業於東京大學古典科漢書課。漢學家。一九〇五年任其母校教授，兩年後獲文學博士學位。一八八七年，與林泰輔等人創設東洋學會。越明年，與森鷗外（一八六二～一九二二）等組織新聲社，從事漢文學之新運動。同年，著《支那史》第一冊，以明示研究中國史學應走之方向。與早稻田大學、學習院、國學院大學及其他學術機構亦有關聯而講授以中國爲中心之政治史，及中國思想史，而其學風則屬考證學系統，對中國鄰近之諸民族史，東西交通史之研究方面留下不朽業績，與白鳥庫吉（一八六五～一九四二）同爲日本中國史學創建者之一。對儒學之造詣亦深，於一九一八年創斯文會時亦曾竭盡其力。著有《支那史》、《支那史要》、《東洋史要》、《支那論集》、《文教論集》、《東洋史統》共四冊等。未刊行者則有《支那歷代思想》、《清朝建國史考》。其生前所藏圖書，現典藏於東京日比谷圖書館。

⑩：岡田正之（一八六四～一九二七），日本漢學家。號劍西。富山市人。其家人世爲富山藩醫，父祖俱對漢學有造詣。岡田受家學之薰陶以後，前往東京師事小永井小舟、重野成齋等人。一八八七年畢業於東京大學古典講習科漢書課。曾經擔任陸軍教授、史料編纂員等，且於學習院任敎二十年，擔任東京大學之講師、副教授、教授等。一九二一年獲文學博士學位。初時參與修史，後來講授漢文，於東京大學講授《文選》、《白氏文集》及《日本漢文學史》，著有《日本漢文學史》、《近江奈良朝之漢文學》等。

⑪：瀧川龜太郎（一八八一～一九四五），名資言，號君山，俗稱龜太郎。松江人。中國史學家。自幼好學不倦，於就讀小學時即師事藩儒雨森精雨，習讀儒書。一八八二年畢業於松江中學，在東京進島田重禮所辦之私塾以

《論語》研究在日本——以林奉輔爲例（一九一五以前）

後，入東京大學古典科漢書課，一八八七年結束該課程。其後從法制局轉任於內閣。一八九三年獲文部大臣井上毅之知遇，擔任文書之審查工作。四年後，在第二高等學校任教授之職，在該校服務達三十年之久。一九二〇年爲大東文化學院教授，越兩年爲東北大學文學部講師，亦曾爲東京文理大學講師。其傾其畢生精力所著《史記會注考證》十卷，爲中、日兩國學者所重視。他曾將其中的一部分改寫成爲論文向東北大學提出，於一九三一年獲得文學博士學位。

⑫：本書因部分文字無法製成鉛字，所以尙未刊行。

⑬：釋奠，祭孔典禮。供犧牲、蔬菜、薦爵以祭之意，於每年二、八月上丁之日舉行。日本於其大寶元年（七〇一）二月丁巳首次舉行此一典禮，惟隨其皇室權威之式微而中斷。後來江戶幕府及諸藩曾恢復此一儀式，其位於東京的湯島聖堂（孔子廟）則迄今猶在舉行。

⑭：《和論語》，輯錄日本自古以來之天皇、公卿、武將、僧侶等之嘉言、善行，而將其擬爲《論語》之書籍，共十卷，刊行於一六六九年。

⑮：《女四書》，淸王晉升所輯曹大家《女誡》，唐宋若昭《女論語》，明成祖之后徐皇后《內訓》，淸王晉升之母劉氏《女範》等四部書之總稱。

⑯：孝元天皇，此乃戰前的日本史學家虛構之人物，並不存在，然爲便於紀年，故仍予藉用。

⑰：林泰輔，《論語源流》（東京，汲古書院，一九七一）〈解題〉。

⑱：醍醐寺，在京都市伏見區醍醐伽藍町，爲言眞宗醍醐派之總本山，山號深雪山。九〇七年（延喜七年）成爲醍醐天皇（一八九七～九三〇在位）之敕願寺。醍醐寺乃一山之總名，有三寶院、報恩院等而統率一山。該寺初

創時的建築物，因遭多次火災，所以目前僅遺其五重塔而已。塔內有平安時代（七九四～一一八五）前期之壁畫。三寶院的殿舍，則爲安土桃山時代（一五七三～一六〇二）遺構之代表。

⑲：高山寺本，高山寺在京師右京區梅畑槇尾町，爲古義眞言宗別格本山，古稱度賀尾寺，山號槇尾山。藏有許多圖書及美術作品。其所藏書籍稱爲高山寺本而名聞於世。其所藏美術作品則以「鳥獸戲畫」、「將軍塚繪卷」、「明惠上人坐禪像」最負盛名。

⑳：足利學校，位於栃木縣足利市昌平町之日本中世唯一的學校，始創於十五世紀三十年代。清同治十一年（明治五年，一八七二）廢校。目前成爲足利學校遺跡圖書館。所藏漢籍甚多，除武將上杉憲實（一四一一～一四六六）所捐著外，尚有由北條氏政（一五三八～一五九〇）所捐之原金澤文庫本，及德川家康（一五四二～一六一六）捐贈者。

㉑：陳式銳，《唯人哲學》（廈門，立人書報社，民國三十八年一月），頁一四。

㉒：天與清啓，生卒年不詳。日本室町時代禪僧。信濃（長野縣）人。明代宗景泰二年（寶德三年，一四五一），隨其遣明正使東洋允澎來華朝貢，翌年東返。英宗天順四年（寬正元年，一四六〇）爲京都建仁寺住持。憲宗成化元年（寬正六年，一四六五），則以正使身分使華，越二年抵寧波。兩年後東歸，隱居於信濃法全寺。

㉓：桂菴玄樹（一四二七～一五〇八），日本臨濟宗僧侶。號島隱。長門（山口縣）人。明憲宗成化四年（應仁二年，一四六八）隨其貢使天與清啓來華朝貢，八年回國。於石見（島根縣）、筑後（福岡縣）、肥前（佐賀縣、長崎縣）各地祭祀孔子，講授儒家經典。十四年（文明十年，一四七八），受島津忠昌之聘前往薩摩（鹿兒島縣）開桂樹菴講學。著有《島隱集》、《島陰漁唱》等。

㉔：薩南學派、朱子學之一派。在應仁之亂（一四六七～一四七七）時，爲避戰亂而從京都逃至地方的禪僧，他們雖將朱子學傳授給各地大名——諸侯，其傳至薩摩而此落地生根者，則始自受島津忠昌之聘前往的桂菴玄樹。此後出現月渚玄得、文之玄昌等傑出的學問僧而自成一個學派，惟在江戶時代中期以後式微。

㉕：伊藤仁齋（一六二七～一七〇五），江戶時代初期漢學家。名維楨，字源佐，別號古義堂、棠隱。京都人。日本古義學派始祖。當時從日本全國各地至其塾受教者多達三千人云。仁齊畢生未仕，在貧困中致力求學，終於成爲當時日本漢學界之領導人物。著有《孟子古義》、《童子問》、《語孟字義》等。有子東涯（一六七〇～一七三六），對儒學之造詣亦深，曾集乃父古學之大成。著述甚多，《制度通》爲其代表作。

㉖：荻生徂徠（一六六六～一七二八），江戶中期漢學家。名雙松，號徂徠。其父爲江戶幕府第五任將軍德川綱吉（一六四六～一七〇九）之御醫。曾給古義學派開新生面而創古文辭派。門下有太宰春臺（一六六六～一七四七）等高足。

㉗：中江藤樹（一六〇八～一六四八），江戶前期漢學家，日本陽明學派始姐。名原，字惟命，俗稱與右衛門。近江（滋賀縣）人。初時崇朱子學，三十七歲時因接觸《王龍溪語錄》、《陽明全集》而改宗陽明學。門下有熊澤蕃山（一六一九～一六九一）、淵岡山等才俊。中江有「近江聖人」之令譽，爲當時學術界所尊崇。

**漢石經論語**　零簡三葉

一、長七寸，寬三寸強；二、長七寸一分，寬三寸；三、長六寸六分，寬三寸三分五厘。

後漢靈帝時，正定經書文字之誤，使蔡邕以八分書書之，刻石立於大學門外者。

論語序
敘曰漢中壘校尉劉向言
魯論語廿篇皆孔子弟子
記諸善言也大子大傅夏
侯勝前將軍蕭望之丞相

**唐石經論語**

文宗開成二年（837）使鄭覃等將十二經勒於石者之一。

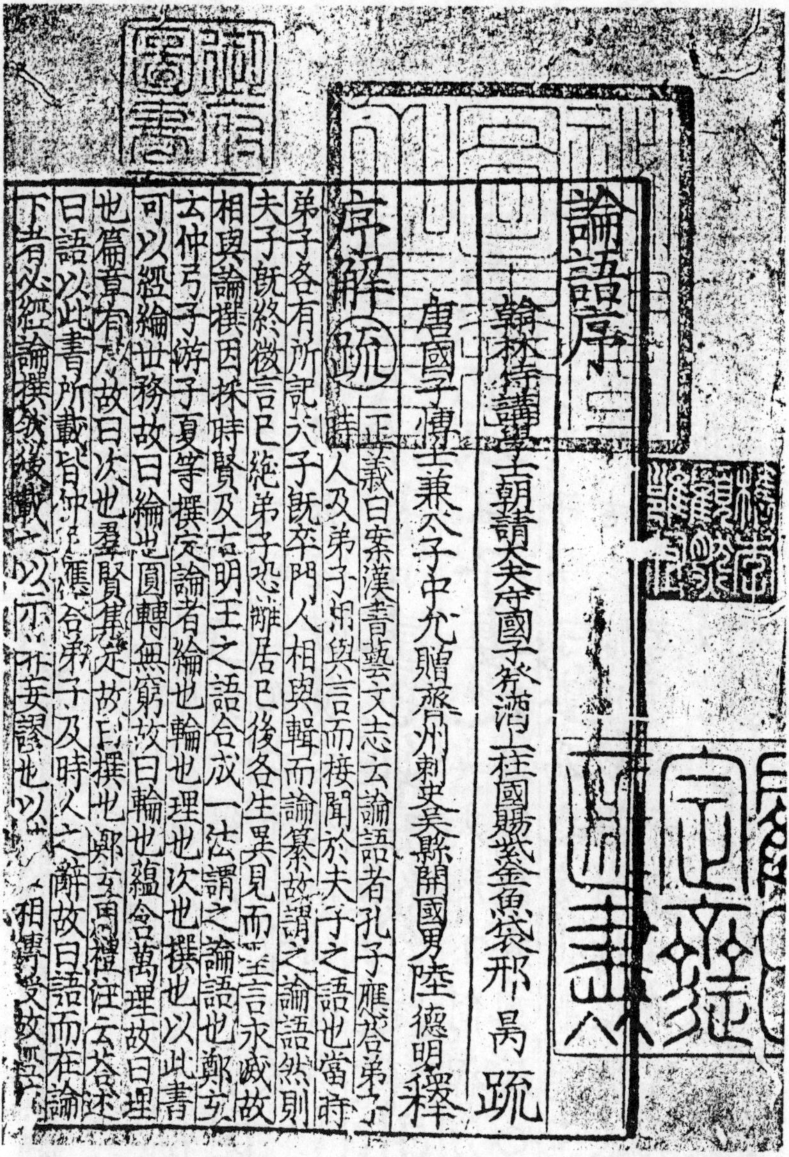

論語序

翰林侍講學士朝請大夫守國子祭酒上柱國賜紫金魚袋邢昺疏

唐國子博士兼太子中允贈齊州刺史吳縣開國男陸德明釋

序解 疏 正義曰案漢書藝文志云論語者孔子應荅弟子時人及弟子相與言而接聞於夫子之語也當時弟子各有所記夫子既卒門人相與輯而論纂故謂之論語然則夫子既終微言已絕弟子恐離居已後各生異見而聖言永滅故相與論撰因採時賢及古明王之語合成一法謂之論語也鄭玄云仲弓子游子夏等撰定論者綸也輪也理也次也撰也以此書可以經綸世務故曰綸也圓轉無窮故曰輪也蘊含萬理故曰理也篇章有序故曰次也羣賢集定故曰撰也鄭玄周禮注云荅述曰語以此書所載皆仲尼應荅弟子及時人之辭故曰語而在論下者必經論撰然後載之以示非妄謬也以[illegible]相傳受故[illegible]

**宋版論語註疏**　十卷十冊

半葉八行，每行十六字。注疏雙行二十五字。界欄長六寸四分，寬四寸二分五厘。

原由檇李之顧然雖（定齋）所典藏，後來爲日本金澤文庫所藏，刻於北宋或南宋初。

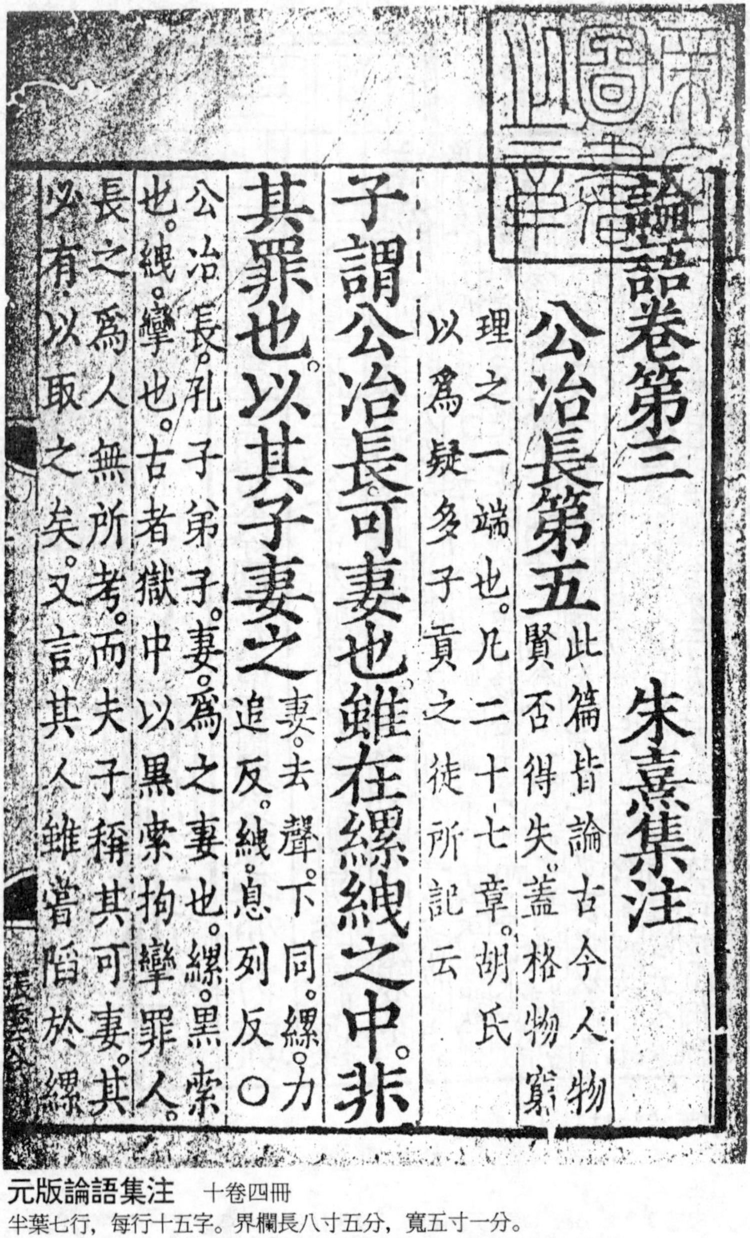
論語卷第三　朱熹集注
公冶長第五　此篇皆論古今人物賢否得失蓋格物窮理之一端也凡二十七章胡氏以爲疑多子貢之徒所記云
子謂公冶長可妻也雖在縲絏之中非其罪也以其子妻之　妻去聲下同縲力追反絏息列反○公冶長孔子弟子妻爲之妻也縲黑索也絏攣也古者獄中以黑索拘攣罪人長之爲人無所考而夫子稱其可妻其必有以取之矣又言其人雖嘗陷於縲

**元版論語集注**　十卷四冊

半葉七行，每行十五字。界欄長八寸五分，寬五寸一分。

元延祐五年（1318），河南開封府尹趙鳳儀令學錄周習甫校正翻刻者。

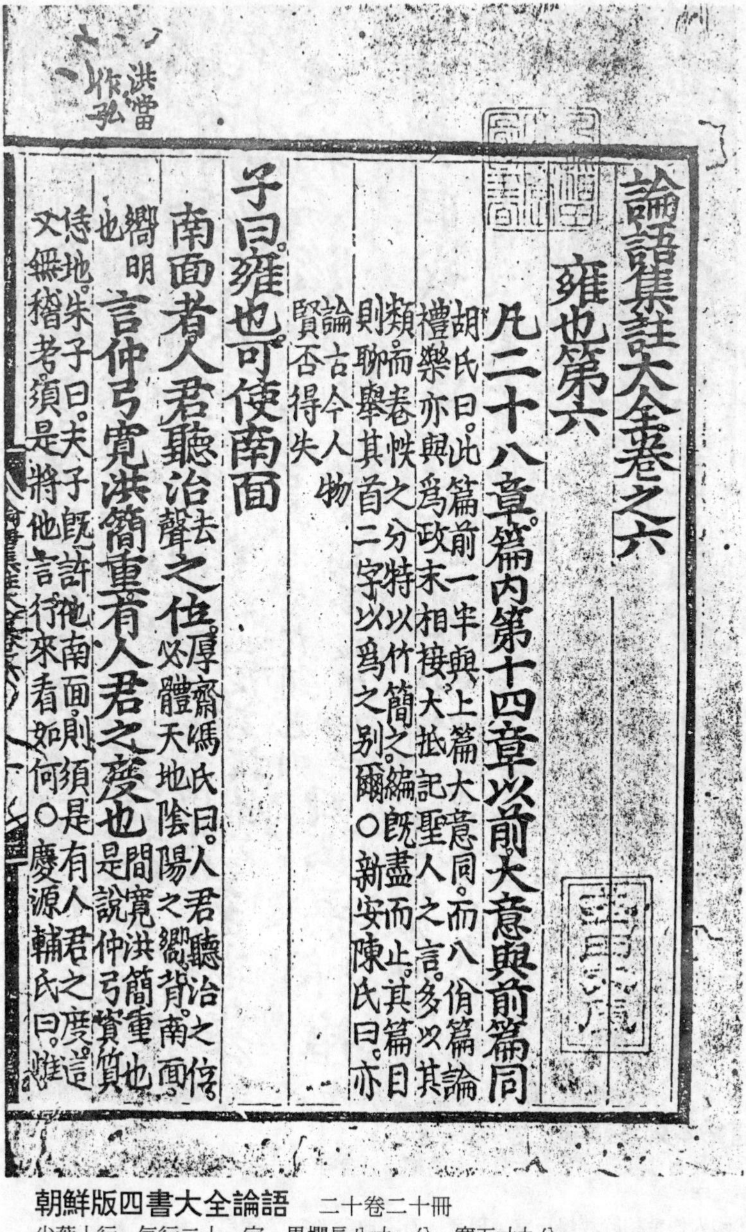
洪當作弘

論語集註大全卷之六

雍也第六

凡二十八章。篇內第十四章以前大意與前篇同

胡氏曰。此篇前一半與上篇大意同。而八佾篇論禮樂亦與爲政末相接。大抵記聖人之言。多以其類而卷帙之分特以竹簡之編既盡而止。其篇目則聊舉其首二字以爲之別爾○新安陳氏曰。亦論古今人物賢否得失

子曰。雍也可使南面

南面者。人君聽治去聲之位。厚齋馮氏曰。人君聽治之位必體天地陰陽之嚮背。南面嚮明也 言仲弓寬洪簡重。有人君之度也 間寬洪簡重也是說仲弓資質傒地。朱子曰。夫子既許他南面。則須是有人君之度。這文無稽考。須是將他言行來看如何○慶源輔氏曰。雖

**朝鮮版四書大全論語**　二十卷二十冊

半葉十行，每行二十一字。界欄長八寸一分，寬五寸九分。

此書於隆慶三年（1569）由全羅南道南海縣刊行。年號在大學章句之末。

有盛饌必變色而作 作起也
迅雷風烈必變 升車必正立執綏
車中不內顧不疾言不親指
色斯舉矣翔而後集
曰山梁雌雉
時哉時哉子路共之三嗅而作
論語卷第二
維龍紀二年二月 燉煌

**唐鈔本鄭注論語**　卷子本一卷

界欄長七寸五分，寬六七分；每行經十八字至二十二字，雙行二十七字至三十二字。

法國人伯希和於敦煌石室發現者，原本典藏於巴黎國民圖書館，羅振玉以其影本刊行。

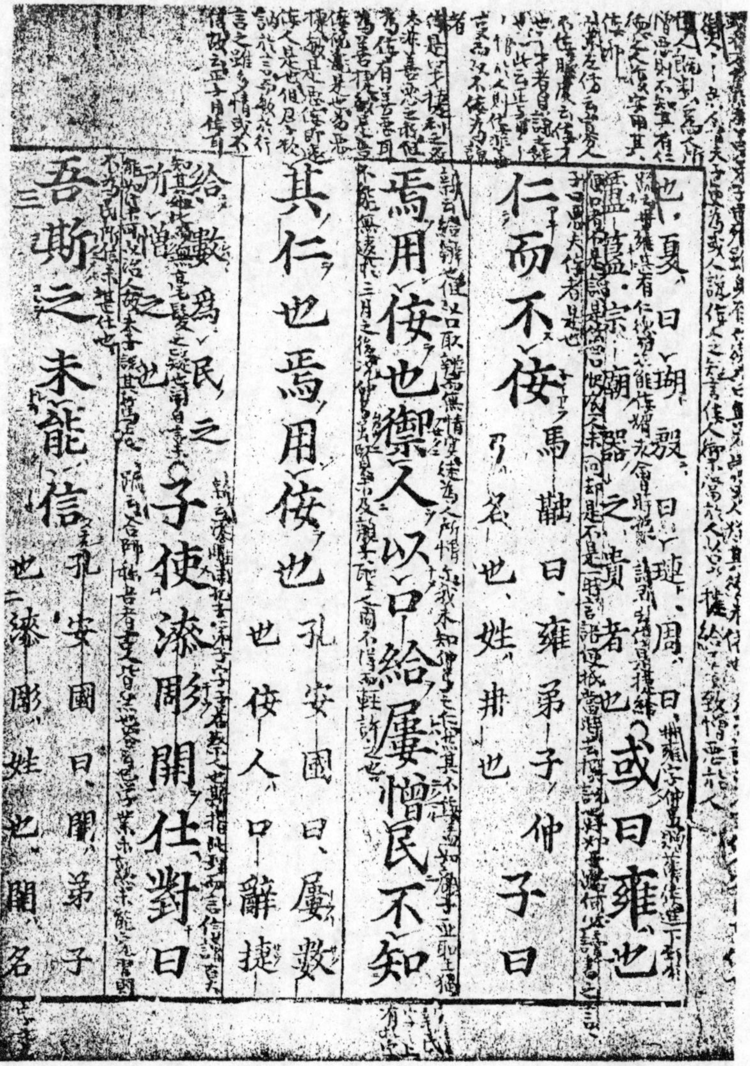
也夏曰瑚殷曰璉周曰簠簋宗廟器之貴者也或曰雍也仁而不佞馬融曰雍弟子仲弓名也姓冉也子曰焉用佞也禦人以口給屢憎民不知其仁也焉用佞也孔安國曰屢數也佞人口辭捷給數為民之所憎子使漆彫開仕對曰吾斯之未能信孔安國曰開弟子也漆彫姓也開名

**正平版論語集解**　十卷二冊

因跋有「學古神德楷法日下逸人貫書」，故世稱學古神德本，即翻刻正平版而成。日下逸人貫之生平不詳。

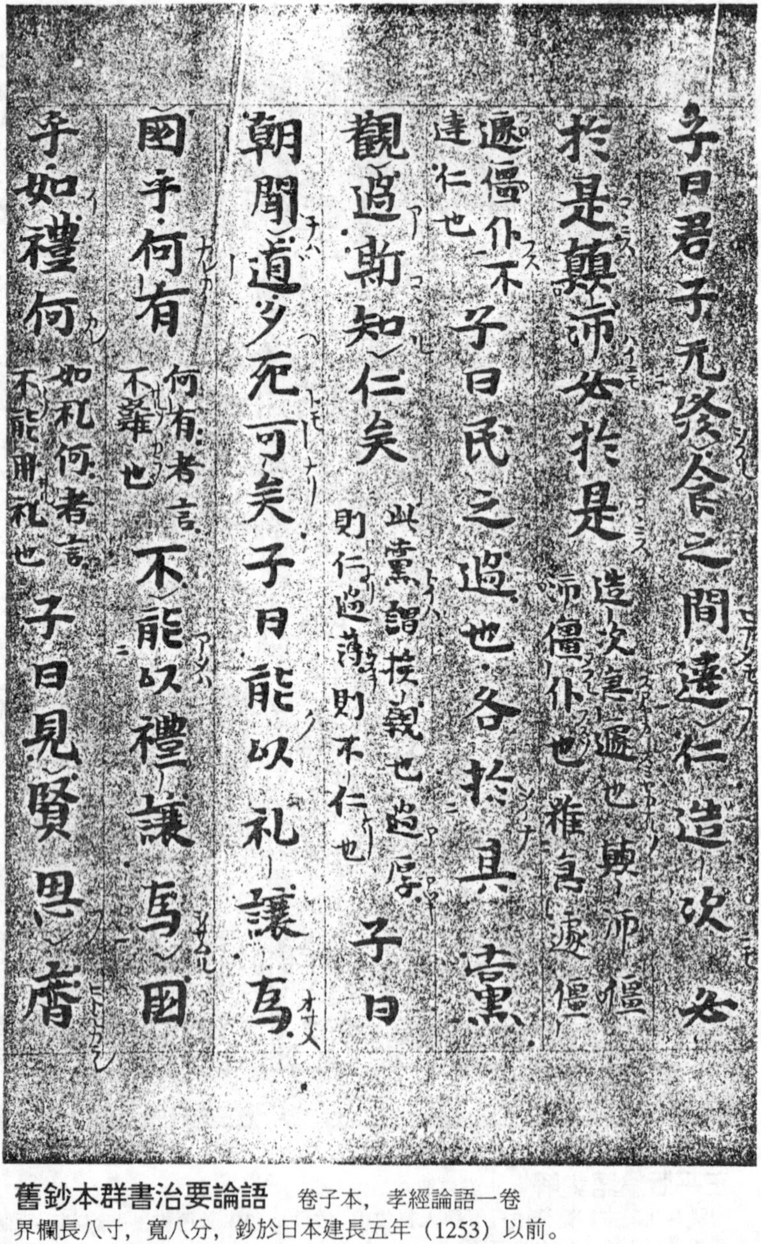
子曰君子无終食之間違仁造次必
於是顛沛必於是 造次急遽也顛沛偃仆也雖急遽偃
仆不違仁也 子曰民之過也各於其黨
觀過斯知仁矣 此黨謂族親也過厚則仁過薄則不仁也 子曰
朝聞道夕死可矣子曰能以礼讓為
國乎何有 何有者言不難也 不能以禮讓為國
乎如禮何 如礼何者言不能用礼也 子曰見賢思齊

**舊鈔本群書治要論語**　卷子本，孝經論語一卷

界欄長八寸，寬八分，鈔於日本建長五年（1253）以前。

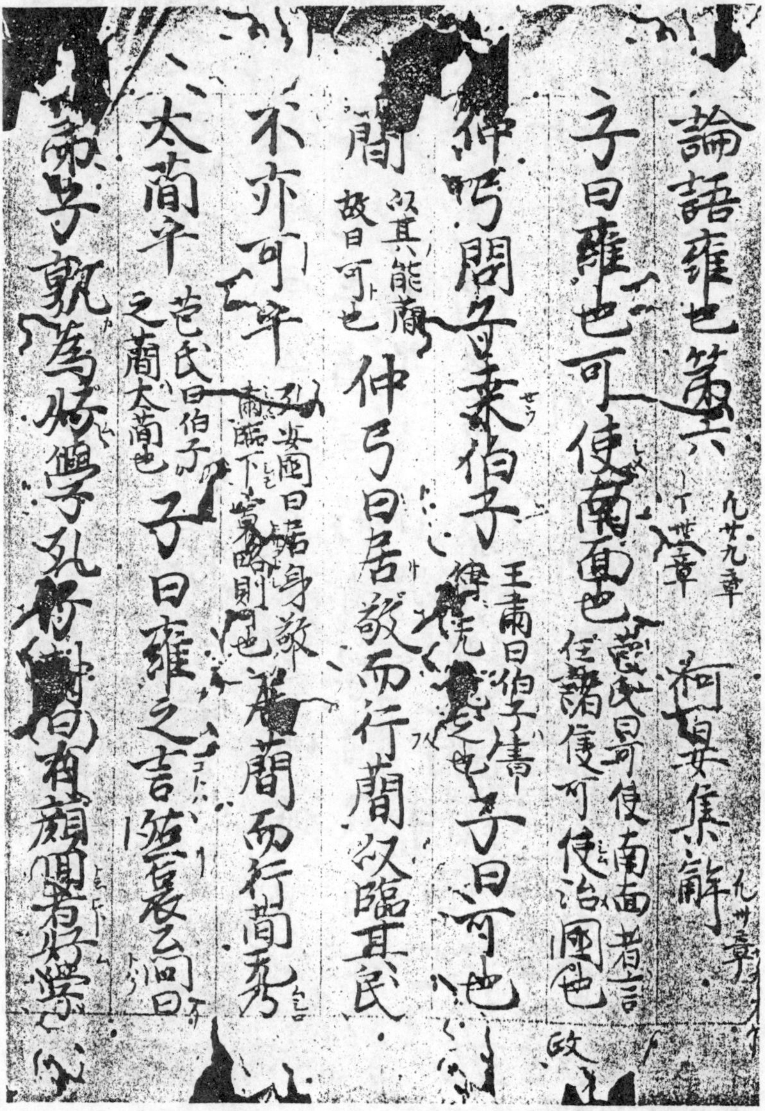
論語雍也第六　何晏集解
子曰雍也可使南面　包氏曰可使南面者言任諸侯可使治國政
仲弓問子桑伯子　王肅曰伯子書傳無見也　子曰可也
簡　孔安國曰以其能簡故曰可也　仲弓曰居敬而行簡以臨其民
不亦可乎　孔安國曰居身敬肅臨下寬略則可也　居簡而行簡
無乃太簡乎　包氏曰伯子之簡太簡也　子曰雍之言然
哀公問弟子孰爲好學　孔子對曰有顏回者好學

**德治鈔本論語集解**　卷子本，殘闕一卷

此書鈔於日本德治三年（1308）六月，鈔者亮殿及宗之的生平不詳。

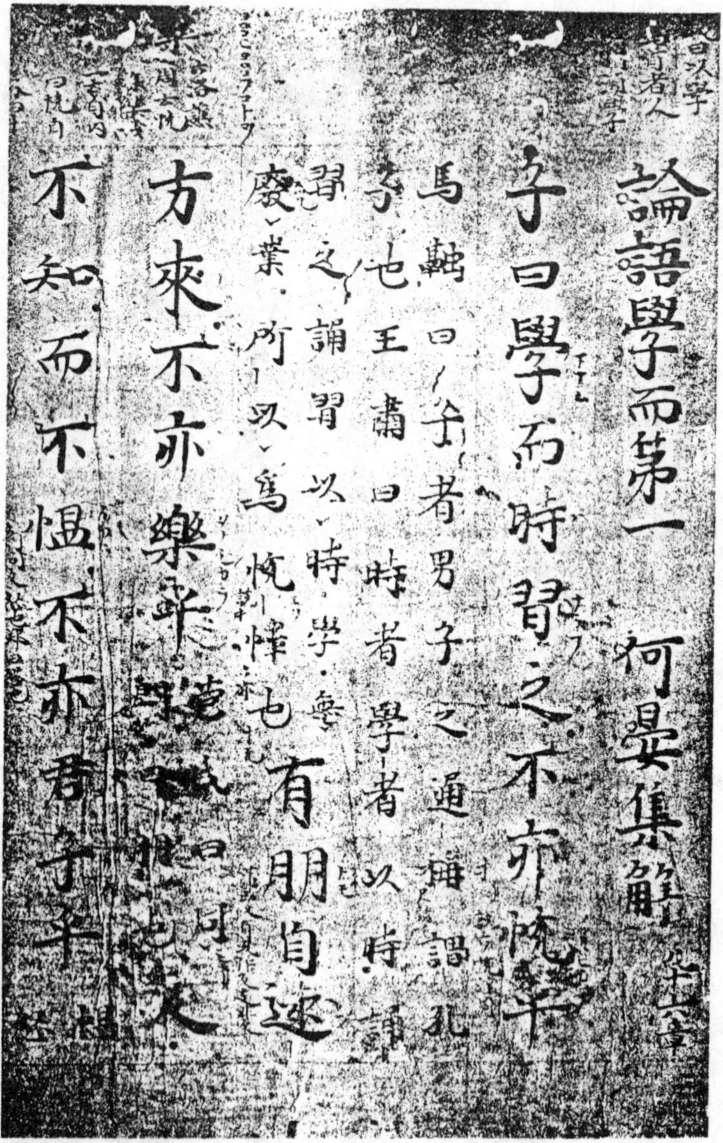
論語學而第一　何晏集解　凡十六章
子曰學而時習之不亦悅乎
馬融曰子者男子之通稱謂孔子也王肅曰時者學者以時誦習之誦習以時學無廢業所以爲悅懌也
有朋自遠方來不亦樂乎
不知而不慍不亦君子乎

**藤堂本論語集解**　卷子本十卷
界欄長七寸四五分，寬一寸或一寸一分。
每卷均有貞和二年（1346）釋深尊之識語及極樂院順乘之記，乃日本南北朝（1336～1392）以前之舊帙，爲藤堂家所典藏。。

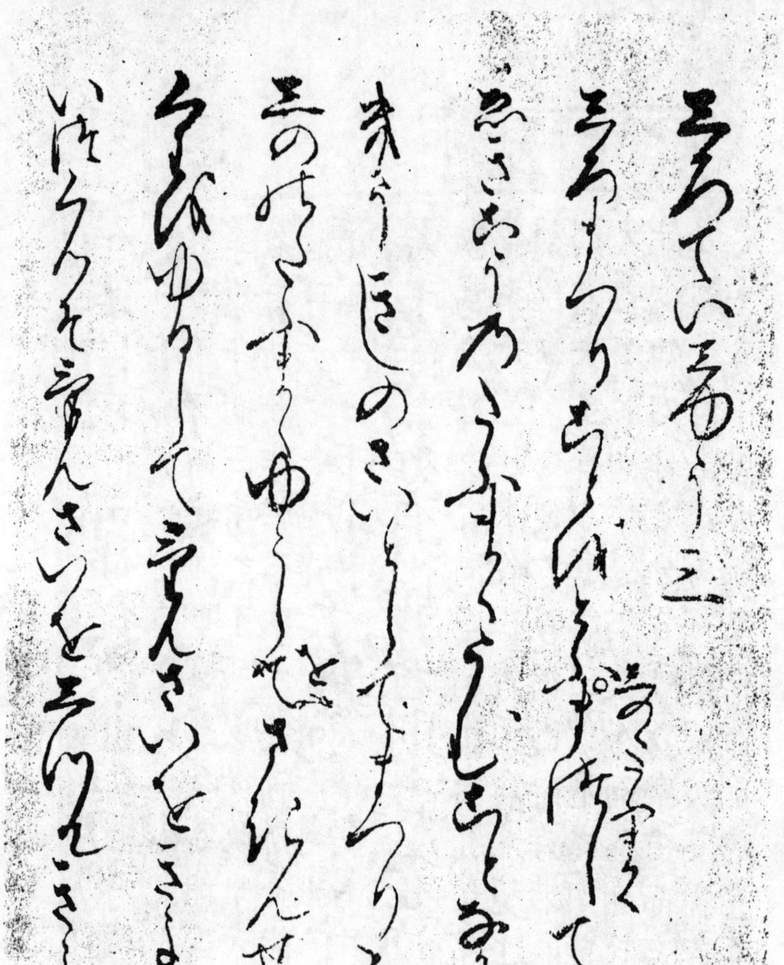

**假名書論語**　線裝本改裝卷子本，零本三卷
原本半葉九行，每行字數不一。長八寸九分，無界欄。
爲大學頭兼行右少辨菅原朝臣在茂（文章博士，正四位下）所書。原藏於京都栂尾高山寺。

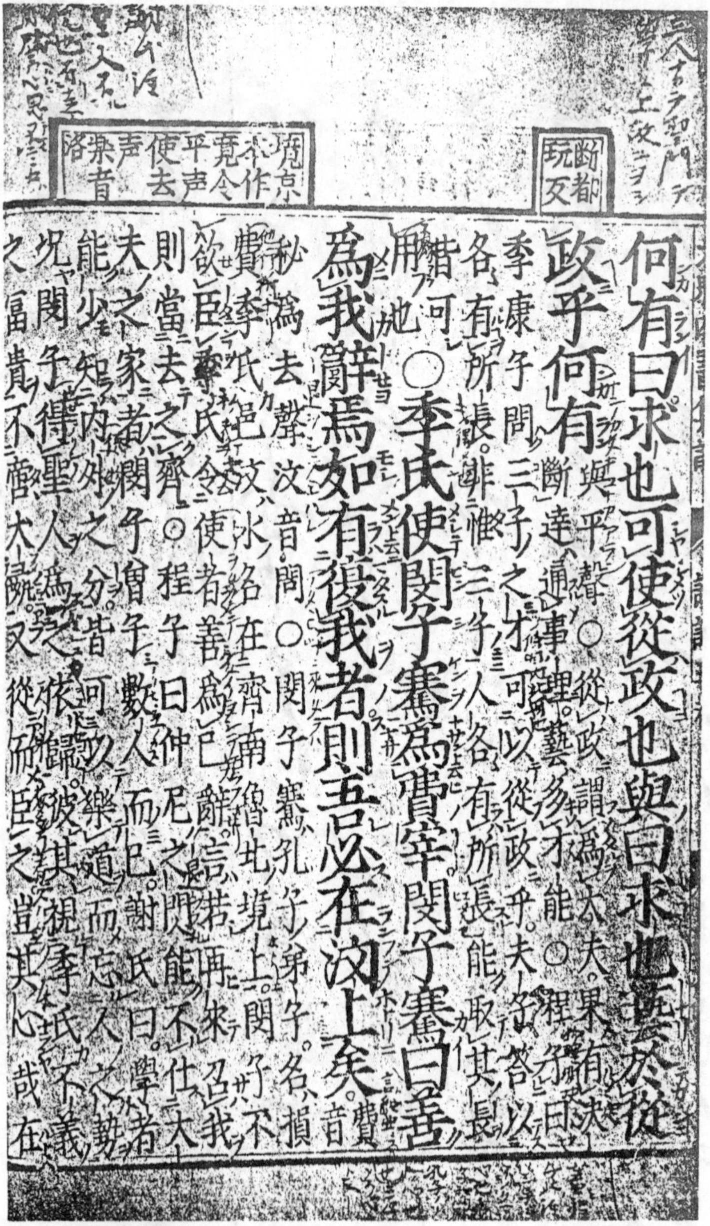

何有曰求也可使從政也與曰求也藝於從
政乎何有與平聲○從政謂爲大夫。果有決
季康子問三子之才可以從政乎。夫子答以
各有所長。非惟三子人各有所長能取其長
皆可用也○季氏使閔子騫爲費宰閔子騫曰善
爲我辭焉如有復我者則吾必在汶上矣費音
秘爲去聲汶音問○閔子騫孔子弟子名損
費季氏邑汶水名在齊南魯北境上閔子不
欲臣季氏令使者善爲己辭言若再來召我
則當去之齊○程子曰仲尼之門能不仕大
夫之家者閔子曾子數人而已謝氏曰學者
能少知内外之分皆可以樂道而忘人之勢
況閔子得聖人爲之依歸彼其視季氏不義
之富貴不啻犬彘又從而臣之豈其心哉在

**文之點論語集註**　十卷二冊

半葉九行，每行經十七字。界欄長七寸一二分，寬五寸五分。

此書乃文之和尚在四書集註上加日式句讀，其弟子如竹於寬永二年（1625）在江戶（東京）刊行者。此係慶安二年（1649）之重刊本。

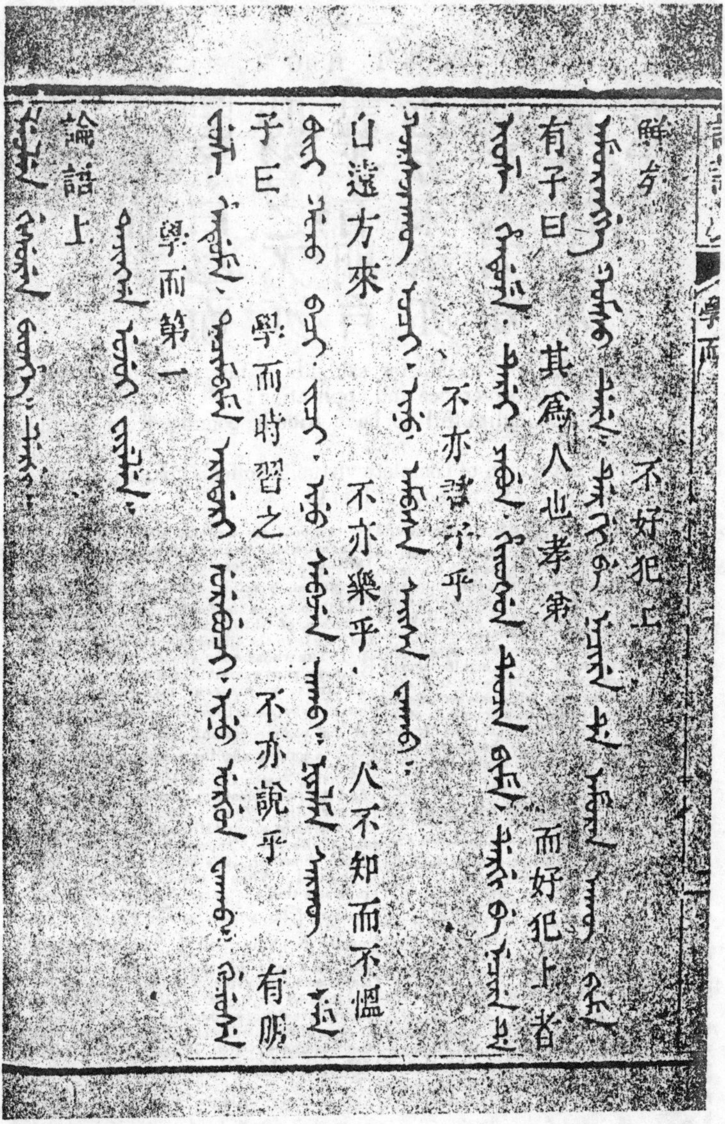
鮮矣　不好犯上
有子曰　其爲人也孝弟　而好犯上者
不亦君子乎
自遠方來　不亦樂乎　人不知而不慍
子曰　學而時習之　不亦說乎　有朋
學而第一
論語上

**滿文繙譯論語**　二卷二冊

半葉十四行。界欄長五寸九分，寬四寸五分。

此係清高宗敕令以滿文繙譯四書、五經者之一。欽定翻譯四書完成於乾隆二十年（1755）。

# CONFUCIAN ANALECTS.

## BOOK I. HSIO R.

論語

學而第一

第一章 子(一節)曰、學而時習之、不亦說乎。(二節)有朋自遠方來、不亦樂乎。(三節)人不知而不慍、不亦君子乎。

CHAPTER I. 1. The Master said, 'Is it not pleasant to learn with a constant perseverance and application?

2. 'Is it not delightful to have friends coming from distant quarters?

3. 'Is he not a man of complete virtue, who feels no discomposure though men may take no note of him?'

TITLE OF THE WORK.—論語, 'Discourses and Dialogues;' that is, the discourses or discussions of Confucius with his disciples and others on various topics, and his replies to their inquiries. Many chapters, however, and one whole book, are the sayings, not of the sage himself, but of some of his disciples. The characters may also be rendered 'Digested Conversations,' and this appears to be the more ancient signification attached to them, the account being that, after the death of Confucius, his disciples collected together and compared the memoranda of his conversations which they had severally preserved, digesting them into the twenty books which compose the work. Hence the title—論語, 'Discussed Sayings,' or 'Digested Conversations.' See 論語註疏解經序. I have styled the work 'Confucian Analects,' as being more descriptive of its character than any other name I could think of.

HEADING OF THIS BOOK.—學而第一. The two first characters in the book, after the introductory—'The Master said,' are adopted as its heading. This is similar to the custom of the Jews, who name many books in the Bible from the first word in them. 第一, 'The first;' that is, of the twenty books composing the whole work. In some of the books we find a unity or analogy of subjects, which evidently guided the compilers in grouping the chapters together. Others seem devoid of any such principle of combination. The sixteen chapters of this book are occupied, it is said, with the fundamental subjects which ought to engage the attention of the learner, and the great matters of human practice. The word 學, '*learn*,' rightly occupies the forefront in the studies of a nation, of which its educational system has so long been the distinction and glory.

1. THE WHOLE WORK AND ACHIEVEMENT OF THE LEARNER, FIRST PERFECTING HIS KNOWLEDGE, THEN ATTRACTING BY HIS FAME LIKE-MINDED INDIVIDUALS, AND FINALLY COMPLETE IN HIMSELF. 1. 子, at the commencement, indicates Confucius. 子, 'a son,' is also the common designation of males,—especially of virtuous men. We find it, in conversations, used in the same way as our 'Sir.' When it *follows* the surname, it is equivalent to our 'Mr.,' or may be rendered 'the philosopher,' 'the scholar,' 'the officer,' &c. Often, however, it is better to leave it untranslated. When it *precedes* the surname, it indicates that the person spoken of was the master of the writer, as 子沈子, 'my master, the philosopher 沈.' Standing single and alone, as in the text, it denotes Confucius, *the philosopher*, or, rather, *the master*. If we render the term by Confucius, as all preceding translators have done, we miss the indication which it gives of the handiwork of his disciples, and the reverence which it bespeaks for him. 學, in the old commentators, is explained by 誦, 'to read chantingly,' 'to discuss.' Chû Hsî

**英譯論語**　四書西文本二冊：大學、中庸、論語一冊，孟子二冊

長六寸八分，寬四寸；漢文十行。

英人傑姆士·列格於一八六一年譯註論語，分別於上海、倫敦兩地發行，有歐洲論語譯文巨擘之令譽。

論語源流卷上

北總　林泰輔編

公父文伯母曰士朝而受業晝而講貫夕而習復（國語魯語下）

學而第一

子曰學而時習之不亦說乎有朋自遠方來不亦樂乎人不知而不慍不亦君子乎

君子既学之患其不博也既博之患其不習也既習之患其無知也既知之患其不能行也既能行之貴其能讓也君子之学致此五者而已（曾子立事）

君子博学患其不習既習之患其不能行（說苑說叢）

不易乎世不成乎名遯世无悶不見是而无悶（周易文言）

遯世不見知而不悔唯聖者能之（中庸）

有子曰其為人也孝

學而　一

論語源流書影

子曰父在觀其志父沒觀其行三年無改於父之道可謂孝矣 曾子曰父死三年不敢改父之道(曾子本孝)

有子曰礼之用和為貴先王之道斯為美小大由之有所不行知和而和不以礼節之亦不行也 通行本亦不下有可字今從漢石經

有子曰信近於義言可復也恭近於礼遠恥辱也因不失其親亦可宗也 言之必思復之思復之必思無悔言亦可謂慎矣(曾子立事)久而復之可以知其信矣(同上)

荀叔曰能欲復言而愛身乎(左傳僖九)

葉公曰吾聞勝也好復言而求死士殆有私乎復言非信也(左傳哀十六)

言而不可復者君不言也行而不可復者君不行也(管子形勢)

子曰恭近礼儉近仁信近情(礼

# 陳固亭先生遺著四種

目前在臺灣從事研究中日關係的學人不少，也常有獨到的研究，與有價値的著作問世。已故考試院考試委員陳固亭先生，卻有傑出的造詣，留下不朽的業績。

中國人而通曉日本國情的，在抗戰前後，大家都稱王芃生和陳博生兩位先生。他們兩位都曾參與密勿，對抗戰決策有過很多的貢獻。芃生先生在抗日勝利後就逝世了，博生先生隨同政府播遷來臺後，也不久因病去世。陳固亭先生開創日本學，努力於中日關係研究，歷時久而影響大，開拓前人未到的境地。而今固亭先生也於民國五十九年六月三日，因患腸癌而撒手人寰。（《國語日報》副刊〈書和人〉第一五八期曾詳細介紹陳先生生平及各方面追思文字。）

固亭先生，陝西省藍田縣人，誕生於清光緒三十年（一九〇四）正月二十四日。二十歲時，畢業陝西省立第一師範本科。四年後，考入中國國民黨中央黨務學校，後改中央政治學校，於民國二十一年畢業，旋考取陝西省公費留學日本。入東京明治大學新聞高等研究科，接受當時日本新聞學泰斗小野秀雄教授之指導。一年以後，考入東京帝國大學新聞研究室，專研中日兩國新聞的發展歷史。同時受當時SFYG駐日大使館參事王芃生先生、秘書李能梗先生等之鼓勵與協助，利用課餘創辦《留東學報》，以鼓吹革命，並揭發日本軍閥的陰謀。每期出版，日本警察常來查問，甚至將內容加以删削。在那種惡劣環境下，報紙的出版竟維持達三年之久，眞是難得的事。至今研究日本的專家對這個刊物仍極重視。日本國會圖書館、東京大學圖書館還珍藏著全份呢！實藤惠秀著《中國人日本留學史》更刊入該報照片及說明。

固亭先生於盧溝橋事變發生前夕，攜眷返國，先後擔任陝西省立西安師範學校校長、中央政治學校新聞系教授、陝西省黨部委員、陝西省社會處長等職，對加強民族精神教育，及訂立國家新聞政策，培植新聞幹部，綏靖地方及收容流亡學生等方面，都有卓越的貢獻，所以曾多次獲得政府的嘉獎。

固亭先生於三十八年由西安輾轉來臺，曾擔任監察院專門委員，考試院典試委員，並在政治大學新聞研究所、外交研究所、臺灣大學歷史系、中國文化學院東方語文系、日本研究所等處任教，貢獻其所學於國家社會。

陳夫人魏蕢莢女士是陝西籍國大代表，她說陳先生性沈靜，好讀書，喜著述，對中日關係及日本問題的研究，尤饒興趣，且特有心得。所以除蒐集　國父與日本友人有關史料外，又致力於中日文化關係之剖析，與日本文物之介紹。陳夫人又說，陳先生與日本各界人士如島田正郎、永井算己、宮元利直、小山榮三、渡邊哲利、波多博等交遊，對彼邦政治的發展趨向以及與我國的關係，觀察洞徹，時常爲文闡述。曾著譯《日本新憲法釋義》、《戰後日本》、《各國報業簡史》、《中外報業史》、《日本明治維新史》、《國父與日本友人》、《日本人事制度》、《國父與亞洲》、《戰後日本共產黨的透視》、《國父與日本朝野友人的關係》、《國父孫中山先生百年誕辰紀念選集》(爲日文)、《國父學術思想研究集》、《考試院的地位與職權》，並編撰《華僑志》等書問世，頗獲學界讚賞。二十年以來，陳先生分別發表於報刊雜誌的，有關這方面的文章共約兩百篇。陳夫人說，陳先生近年並擬整理出版《日本新聞史》、《日本論叢》、《明治時代中日文化的連繫》及《中日韓百年大事記》等書，不意忽罹患惡疾，竟沉痾不起，未竟其志，痛憾曷極。臨終猶殷殷以各書爲囑。後來幸經李毓澍、陳存恭、嚴錦等先生及鄭貞銘、施嘉明、張玉法、謝淑美同學協助整理編排遺稿，並承小野秀雄、錢穆、張其昀、曾虛白、楊一峰、馬星野、邵毓麟、林紀東、羅孟浩、成惕軒等先生分別爲各書賜〈序〉，又承方永蒸、周肇西二位先生賜助，並得國立編譯館館長劉拓先生之雅愛，允爲出版。復蒙總統府秘書長張岳軍先生賜題封面，才使未完成的四種書問世。現在擬就四部遺著簡介如下：

一、**日本論叢** 分上下二冊，於第五頁附有作者在民國五十四年三月二日所寫的墨蹟云：

此書爲著者於民國二十二年至二十五年，留學東京帝國大學時，創辦《留東學報》在各期發表之論文。民國三十八年來臺以迄五十三年，先後在各報刊發表關於日本問題研究之譯著，皆蒐集分類編入各編，均屬精心之作，全部都二十萬言。

又附言：

此書內容，均已見報刊之論文，應速檢出，分類編排，期於本年十一月前出版，以紀念　國父誕辰。

然終以公務嬰身，未能如願，這該是他生前最遺憾之事吧！及至民國六十年四月，當本書由中華叢書編審委員會出版之際，又將民國五十四年以後的作品收錄其中。

本書內容：在《留東學報》發表之論文，共有　國父與日本之關係、總統與日本之關係、認識日本、日本名人介紹、中日兩國名人之關係、中日關係、研究日本書刊、機關評介八大部分。主要篇目爲：〈國父孫中山先生與日本〉、〈國父訓詞錄音經過〉、〈國父與犬養毅〉、〈國父與頭山滿〉、〈開國前國父在日本之革命活動〉、〈日人對　孫中山先生的崇拜〉、〈有關　國父文獻的日文著述〉、〈國父與日本朝野友人的關係〉、〈日本人對中國革命黨的研究〉、〈總統巨著《蘇俄在中國》對日本人的影響〉、〈蔣總統與日本〉、〈論日本明治維新前後政治變革及其影響〉、〈日本政黨政治之史的分析〉、〈日俄關係〉、〈中國革命文獻在日本〉、〈五三濟南事變眞相〉等。同時，又分別介紹與我國有密切關係的日本名人緒方竹虎、三木武吉、石橋湛三、岸信介、吉田茂，及黃克強與萱野長知、于右任先生與日本、戴季陶致日本書等。此外，對羅孟浩先生編著《日本國會制度》、梁容若先生著《中國文化東漸研究》等若干著作，也加以評介。其文均明白曉暢，見解正確。誠如邵毓麟先生在〈序〉中所說：

本書所收集的論述計百餘篇，共六十萬字，都可說是固亭先生多年研究的心血結晶，也是他可被認爲「日本通」而當之無愧的證據。讀者可以把它作爲「日本現代政治史」參考固可，或視

又說：

爲「中國革命史與日本」或「現代中日關係史」研讀亦可。

本書的珍貴，不僅應向中國國民黨推薦，且亦應向全國國民推介。

二、**中日韓百年大事記** 此書係自一八六六年（中國同治五年丙寅、日本慶應二年，朝鮮高宗三年）起，至一九六五年（中華民國五十四年乙巳、日本昭和四十年、大韓民國十八年）的編年體大事記。在每一年的前面，寫出中、日、韓三國的紀年，然後依時間先後條舉大事。並於書末附錄中、日、韓近百年年號表，與作者在東京所調查（一九六五年九月止）近代中日關係參考書目，由此亦可窺見固亭先生研究日本問題之熱忱，與功力之深厚了。

羅孟浩先生於本書的〈序〉中說：

近百年來，世變之殷，前所罕見。而中、日、韓三國情勢的演變，更錯綜複雜，國際間的交互影響，更微妙至極。固亭先生以至纖至悉的手法，將百年來三國所發生事件及其影響關係，一一具述，條理井然，便於檢閱，與英人（William L. Langer）纂修的世界史百科全書（An Encyclopedia of world History）有異曲同工之妙。

信哉斯言！

三、**明治時代中日文化的連繫** 本書爲固亭先生之譯作，原著者爲日人實藤惠秀。實藤，廣島人，爲早稻田高等學院教授、早稻田大學講師。著有：《從漢文到日文》、《日本文化對中國的影響》、

《近代中日文化論》、《中國風土記》、《中國人日本留學史》，翻譯過張星烺的《西洋文化對中國的影響》，德齡女士的《西太后繪卷》，黃遵憲的《日本雜事詩》等，對中日兩國的文化關係有相當的研究。

本書共分八章，除介紹前清首任駐日公使何如璋的赴任日記，並附解說中日兩國正式建立邦交的經緯外，又分別敍述〈前清各使館〉，〈姚文棟〉，〈親日以前〉，〈中日留學生會館的故事〉，〈日人岡千仞批判中國知識階級的生活〉，〈科學與鴉片〉，及〈在中國的西洋文明〉。同時也談到明治時代的中日農事關係。本書譯筆流暢，已臻於嚴復先生所謂信、達、雅的境界。本書既是敍述中日關係之問題，且又附若干圖片以增讀者興趣，故於日本問題之研究，有莫大裨益。

**四、日本新聞史**　也是固亭先生之譯作（本書版權頁及書背誤排印爲著）。原著者就是固亭先生留日時代的指導敎授小野秀雄。小野在〈序〉中說出其硏究日本新聞史，及寫本書之經緯。由此可知，他在這部書上所費功夫實在不少，也從而得知其治學絲毫不苟之一斑。固亭先生以極平實的文字將它譯成中文，內容共分十三章，闡述自《讀賣》「瓦版」到現在（一九六〇）的《朝日》、《每日》、《讀賣》等盛況。誠如馬星野先生說：

日本新聞事業開始當然比我國遲，其受影響則與我國時間相差不遠，其發達進步之速，不但我國瞠乎其後，在全世界，日本報業之努力積極，競爭激烈，銷路之廣大，似乎還沒有他國可以比得上。像《朝日》、《每日》、《讀賣》等報，簡直是無孔不入的龐大企業；其服務及業務範圍非常大，其研究發展亦非常可驚。尤其是戰後，又捲土重來。報紙之努力，對日本的復興有其貢獻。

所以讀此書後，可以使我們知道日本報業何以發達至此之來龍去脈。

以上四部鉅著，使我們讀了以後，能夠加深中日關係及日本問題之瞭解。中日兩國民族，同種同文，日本自明治維新以後，國勢扶遙直上。近年雖因侵略戰爭失敗而受到挫折，但仍能奮發圖強，所以能造成今日地位，這實有不少值得我們借鏡的地方。方今中日關係並不很理想，我們應反省往日對他們瞭解之不足，致招種種不幸之事發生。所以今後就得在這方面多下功夫，才能達到「知己知彼，百戰百勝」的地步。

# 小川環樹著《中國小說史研究》

日本人研究中國小說的不少，他們都分別從每一個角度來探討中國小說的特質，所以大都有其獨到的成就。其中從歷史的觀點，研究中國小說演進的過程，而成績斐然可觀的，該首推京都大學文學部教授小川環樹博士了。

小川說：

我對中國小說發生興趣，是從少年時代開始的。當時我反覆閱讀中國小說，尤其是三國演義的舊譯本——《通俗三國志》，及《水滸傳》、《西遊記》。這些小說都被收錄在「有朋堂文庫」中。我讀這些小說的次數，實比閱讀瀧澤馬琴（一七六七～一八四八）的《八犬傳》、《弓張月》、《美少年錄》等作品爲多。當時，家父雖藏有這些中國小說的中文本，但我還沒有直接閱讀它們的能力。直到我將要結束中學課程，升入舊制高等學校的時候，爲要撰寫一篇有關《水滸傳》地理的文章，在我父親主持的《地球》雜誌上發表，乃從上海購買附有新式標點及分段落的本子，讀起來便覺方便多了。

小川於昭和四年（民國十八年，一九二九）進京都帝國大學主修中國文學，並學習現代中國語。畢業後，曾到我國留學兩年，於昭和十一年回國。十三年四月，前往仙臺擔任國立東北帝國大學法文學部講師，而接受該校教授青木正兒博士的建議，開「清代小說」及文選課程。昭和十五年，繼小說之後講授「中國文學史」。第二次世界大戰後不久，參加同校桑原武夫教授主持的「小說的比較研究」，曾獲得日本文部省的獎助金，使他有機會從其他角度來探討中國小說史。所以小川著《中國小說史研究》，實在是他幾乎費半生精力而獲得的結晶，故有其獨到之處。

這部《中國小說史研究》共分上下兩大部分，上部以〈元明小說史研究〉為題。分別討論《三國演義》的發展，《水滸傳》的作者，《西遊記》的原書及其改作，變文與講史。小川曾以此獲得文學博士學位。

**第一章《三國演義的發展》**：本書構成的主要部分，是上半部的第一章至第三章。作者企圖從明朝的代表性小說《三國演義》、《水滸傳》、《西遊記》之完成方式，以推測每一個作者的創作意圖。所以其第一章在探討《三國演義》發展的過程。小川以為離開史實而產生三國的故事，可能為時甚早，因為從唐末李商隱（八一三~八五八）的詩中可窺見其痕跡。而且段成式的弟弟，在其生日宴會上所演的技藝中（約在唐文宗太和年間，西元八三五年以前數年）已有「市人之小說」——三國時代的故事。迄至宋朝，蘇軾（一〇三六~一一〇一）也曾說，有人招集街上的兒童，說「三國故事」。小川又以為自唐代以來，作為說書材料而發達的故事，到了元代的《三國志平話》，其結構才比較完整，而元雜劇則幾乎以此爲藍本。

小川說：

《演義》的最早刊本，雖是附有弘治甲寅（一四九四）之〈序〉的弘治本（按：其實爲嘉靖元年，一五二二年的刊本），但它之是否爲羅貫中的原作，尚有值得商榷的餘地。但它之最接近原作，則殆無疑義。

又說：

因本書題「晉平陽侯陳壽史傳，後學羅貫中編次。」所以就其寫「後學」兩字而言，便可竊見他對歷史家的憧憬，與流露他與一般說書之流不同之處。又從他在卷首〈附記〉出現了小說的人名表（題〈三國志宗僚〉），也可以窺見他對正史的知識。同時也可知道他除《三國志》外，曾讀過不少史書如《資治通鑑》之類。而他之想忠於史實，也流露於字裏行間。

他又說：

《三國演義》的結構，可分爲前後兩大部分。其前半（約十六卷，毛本則約至第八十回），始於劉、關、張三人在桃園結義，到形成三國鼎立之勢，劉備即位成都後才告一段落。後半（約八卷，毛本則約爲後四十回），則從劉備爲報關羽之仇，進軍東吳而未能獲勝寫起，到晉朝統一天下止。前半的高潮在於赤壁之戰，後半則爲孔明之死。

小川更以爲：

《三國志平話》裏的佛教氣息很濃厚，而《演義》則不然。至於《三國演義》所據的本子，他認爲並不侷限於陳壽的《三國志》，這只要看《演義》卷一〈董卓謀立陳留王〉處即可明瞭。

小川說：

這一段故事，陳壽的《三國志》〈魏志〉卷六〈袁紹傳〉，只寫「袁術率虎賁……劫帝及帝弟陳留王走平津」。其詳細記載，則見於《後漢書》卷九十九〈何進傳〉。《通鑑》卷五十九，即根據《後漢書》而成篇。《後漢書》云：「何進之部曲之將張晫……太后跳下閤而獲救。」若由《演義》之作爲青瑣門來推測，則其所根據的是《通鑑》，而非直接引用《後漢書》了。我所譯的「閒道」，及《演義》的「後道」，毛本雖與此相同，但這可能是《通鑑》及《後漢書》的「複道」之誤。目前雖無法知道把它弄錯的是羅貫中，抑或是後來抄寫的人；但既然毛本也犯同樣的錯誤，則好像數百年來都沒有人注意到這一點。

**第二章〈水滸傳的作者〉**：自古以來中國的小說，不明其作者的不少，《水滸傳》亦然。若僅憑截至今天所獲得的材料而決定《水滸傳》的作者，及完成該小說的年代，應該是不可能的。可是小川在本章中所討論的並不在於這兩點，而只是從小說的內容推測作者的社會地位而已。

小川以爲在南宋的首都臨安，可能有「說書人」講說《水滸傳》的故事。而該故事之由口說，發展爲用眼睛看的小說，可能係經過元末明初（一三六四前後）的羅貫中之手。並且將它命名爲《水滸傳》，也可能是在那個時候。然它究竟於何時被付印，卻不得而知了。目前雖知有明嘉靖年間（一五二二～一五六六）的版本，但我們今天所能看到的，則爲比它稍晚的萬曆刊本（一六一○？）。究竟它們與羅貫中的本子有甚麼異同，迄今也仍無法確定。所以小川又以爲若從其他小說之例來類推，則今天所能見到的《水滸傳》之原型，可能完成於羅貫中時代；而給它潤色的，或許是明代中葉的某一人士，其時間當在一三六○年起至一五四○年左右，約一百七八十年間完成的。這時的本子雖稱之爲百回本，但也有把它加以增損的本子。其中最重要的是有一六四一年（明末）金聖歎作〈序〉加批的七十回本了。小川以爲在今日的本子中，所以能夠發見：「先人書會流傳，一個個都要說到。」一李玄伯刊本第九十四回的話，即表示到了最後，其作者並未失去說書人的意識。但也不能只把重點放在這上面，而忽視完成這小說的一個或兩個人之天才的。也就是說，如果沒有使其敍述更詳細的羅貫中這個人，或晚羅貫中數十年的某一個人，則可能永遠無法出現目前我們所見的《水滸傳》了！

王陽明的弟子王心齋說，良知是現成的，不必外求。而李卓吾更說，人皆現現成成的聖人，不必他求。又說當下自然。李卓吾把人類本來的狀態，稱之爲童心。他以爲童心就是絕去虛僞的，是純眞的，是最初一念的本心。如果失去童心，就會失去眞心；若失眞心，則將失去眞人了。……做學問的人由於讀書，識義理，便遮住童心了。（〈童心說〉）所以若非出自童心的虛僞，則僅是虛假而已。李卓吾更在〈童心說〉中排斥以時代之先後，決定文學之優劣的尙古主義，以爲只尊崇先秦的文章與《文選》之詩是錯誤的，並且主張《西廂記》或《水滸傳》等，也都是「古今至文」。所以他說：「天下至文，未有不出於童心者也。」小川說：

這與其說是表現在文學上的，無寧言是對其作者而言。若從文學當中求未失童心的人，則在《水滸傳》中出現的宋江、李逵、武松、魯智深等豪傑就是吧！不失童心的人，就是最接近自然的人，也可以把他說成自然人。這個自然，就是李卓吾所謂「當下自然」的自然了。

又說：

不承認一切權威而重視人類自然的李卓吾之酷愛小說，乃極其當然之事。他既寫《水滸傳》的〈序〉文，附載其批評的本子也被刊行了。不但把《水滸傳》當作民衆娛樂的書，也把它當作文學作品的，實以李卓吾爲第一人。李卓吾的批評雖不及金聖歎詳細，但如果沒有李卓吾，可能不會有金聖歎！

吉川幸次郎在其《元雜劇研究》第二章〈元雜劇的作者〉中說：

元代後期雜劇的作者，已從其前期的「名士」逐漸移向無名的，地位較低的官吏們。而那些官吏，多數爲「胥吏」出身。所謂胥吏，就是位居官吏之最下層，而未經科舉就職的，他們雖無法擔任由科舉而得的要職，但是有擔任其職務的最起碼的修養。他們雖能作詩文，卻沒有「名士」那種才氣，所以非一輩子安於無法升官的基層職位不可。他們也許因供職政府而受一般人士的尊敬，可是眞正的士大夫也許不會重視他們。這可從清末的小說《官場現形記》窺見其一斑。

所以小川以爲也許就是他們對士大夫階級起反感的因素，也許那是因自卑感而產生的。而李逵或阮小七之輩之不畏王法的痛快淋漓的行動，即肇因於此。梁山泊最初的首領王倫，係「落第的秀才」，他的性格既不適於當匪酋，也缺乏了容納義俠與不分清濁之雅量，所以便因晁蓋等人之「火拼」而喪命了。在這個敍述裏，即蘊藏著嘲諷秀才的一些成分。小川又以爲梁山泊的「好漢」之中，沒有科舉出身的文官，雖是當然之事，但也是値得注意的。他說：

構成《水滸傳》的矛盾，可說是由於作者的心理受到社會的地位之規定所逼成的必然結果。身爲盜賊團之首領，且在全篇中被派上重要任務的宋江，只是鄆城縣之押司（純粹的胥吏出身），即使這種人物未必是元末的作者所創作，而是在那以前的舊本所傳下來的，但也可能成爲支持作者之推測的原動力吧！

《三國演義》與它的前身《平話》比起來，雖然已有逐漸改變率眞的寫法，如張飛等性格突出的人物之感。但在《水滸傳》裏，卻可發現魯智深等粗暴的人物在肆意活動著。小川說：

它與《三國平話》一樣，係在元朝顯著起來的新精神之文學的表現。而且這種粗暴而樸實的人物，在《水滸傳》的後半，卻因他們所組織的盜賊團之被「招安」而歸順政府，成爲正規軍；結果，其活動便頗受限制。因此，在前半被稱美的野性，於後半則失去自由，終爲「忠義」之名所束縛。這種矛盾，雖可說是原原本本反映近代中國社會的矛盾，假如作者一方面親近一般民衆的精神，一方面又以服務統治者——士大夫階級爲職責，而忘記對於舊道德、舊習慣之顧慮的特殊的社會地位，則是否可以說明其矛盾的心理呢？具體說來，那種心理，是宋代以後逐漸固定身分的胥吏所具有的。

**第三章《西遊記的原書及其改作》：**《西遊記》是描寫玄奘法師，由唐到印度求大乘經典，途中所遭遇的種種苦難的故事。根據《大唐大慈恩寺三藏法師傳》（十卷）及《續高僧傳》卷四〈唐道宣傳〉的記載，玄奘生於隋文帝仁壽二年（六〇二），死於唐高宗龍朔三年（六六三）。（這個年齡與冥詳的〈大唐故三藏玄奘法師行狀〉有若干出入。）法師於唐太宗貞觀三年（六二九）首途去求法，十七年後於貞觀十九年（六四五）回到首都長安。回國後不久完成了有名的《大唐西域記》十二卷。他那從中央亞細亞到印度的詳細記載，被歐美學者稱爲「印度的寶薩尼亞斯」，時至今日，它仍成爲印度學的里程碑。玄奘在旅途中所遇的苦難，雖也散見於上舉的《法師傳》中，但那只表示其篤實的信仰與大無畏的精神而已，幾乎無法發現其構成小說的要素。然在三百數十年以後，約當北宋太宗太平興國三年（九七八）編纂的《太平廣記》卷九十二裏，就已收錄與玄奘有關的神秘的傳說了。它雖也被錄於日後的《小說西遊記》之中，但可能還有許多類似的傳說。

小川說：

在北宋時代已有「說書人」之類的職業，到了南宋，幹這一行的更爲發達。今日所傳《大唐三藏取經詩話》三卷的卷末有「中瓦子張家印」。這中瓦子乃南宋首都臨安的街名。據王國維的考證，中瓦子爲表演各種技藝的場所，而張家則可能爲書店之名。由此便可推測，至遲在南宋末（一二七八），玄奘求法的故事已被說書先生編進其「說書」之中了。因爲本書係參雜平易的白話寫成的，所以可能具有與那些說書所說同樣的內容，並且也可能說書先生把它說得更爲淺近而易懂。反正它不是給騷人雅士看的書，仍是爲識字不多的人寫的。並且其版本有兩種，也正可以令人想像其故事流行的一斑了。

他又說：

明代陶宗儀《南村輟耕錄》卷二十五所列院本「名目」中有「唐三藏」。因爲院本被認爲是金朝（一一一四～一二三四）的戲劇，所以玄奘的故事在那個時期已被編進戲劇中了。並且與《取經詩話》的情形一樣，原與佛典「經、律、論」三藏之義相通。只要是傳多數經典的法師，誰都可以冠三藏之名。而把三藏之名完全加在玄奘一人的身上，可能就在這個時期！這就與日本之只指弘法大師空海爲大師似的，是由於民間傳說流行的結果。

小川又說：

如果拋開文學的主題來思考，則俗語小說並非在中國自動發生的形式，乃是受到印度的影響而產生的。換言之，就是把它當作淵源於印度也無不可。雖然其所經過的路線，有很多地方不明瞭，並且在中國有人反對白話小說的胚胎爲佛教文學，尤其是變文；但我以爲白話小說淵源於佛教文學的主張是正確的。

又說：

中國的白話小說大約濫觴於宋代，雖然北宋時代的作品沒有流傳下來，但南宋的作品則尚存若干。那些都是説書人在大都市的熱鬧場所説給衆人聽的材料。若從唐武宗於會昌五年（八四五）從事大規模的鎮壓佛教來看，則那些説書人之爲俗講僧出身，大概不會有甚麼問題的。

再說：

如果可以承認變文與平話的類似點，與相異之處，則從變文轉變爲平話的過程，也大致可以明瞭。以韻文、散文交互應用爲特色的佛教文學之變文，由於其講説人俗講僧的脱離佛教，以及宋代都市平民娛樂場所之繁榮，便使説書成爲新的技藝，而失去佛教的色彩，然後逐漸散文化。這可由明代小説之尚含有許多韻文的要素，以及從《水滸傳》的舊式本子（百回本或百二十回本）可窺見其一斑。

小川更說：

在《西遊記》當中，可與《水滸傳》裏的魚智深相比的就是孫悟空。這部小説也跟上述兩部作品一樣，係經過宋元以後的漫長歲月才形成的故事。在第二次大戰期間翻印的韓國《朴通事諺解》中，保存著有關《西遊記》的記載。我認爲它告訴了我們早年本子的內容，所以我便以此爲資料而從事考證。目前的流行本，雖被認爲是十六世紀吳承恩所改作；但吳承恩的本子，與原書的最大差異，乃在於處理孫悟空的方式。我以爲使孫悟空出現在開卷第一的，多半是吳承恩。至於把人性賦予在長久歲月中，原只是一隻平凡猴子的孫悟空的，也多半是吳承恩。

**第四章《變文與講史》**：本章係作者就《三國演義》、《水滸傳》、《西遊記》等書，以說明元明時代的中國白話小說形式，究竟受到多少「話本」樣式的影響。目前中國雖仍有各種「故事」流傳下來，但那些都是發源於唐代（八～九世紀）佛教文藝——變文，所以本章就介紹有關這方面的梗概。因變文與畫卷、壁畫，有密切關係，小川便呼籲大家注意這一點。有人說變文是爲解釋圖畫而產生的。作者便根據這個說法，懷疑後世元明時代的白話小說，尤其是歷史故事，在所謂「講史」中時常使用「但見」等詞，是否就是變文的用語。小川說：

混合使用散文與韻文成爲變文時，其韻文便很容易陷於過分詠歎的。從元朝至明朝的白話小說之所以逐漸減少參雜韻文，該可以說它至少已朝向寫實主義（realistic）的路子走了。

所以小川便以「儒林外史的形式與內容」爲例，說明這個問題。

以上所說的，除第四章外，都是構成本書的主要部分。作者企圖從《三國演義》、《水滸傳》、《西遊記》之完成方式，以推測每一位作者的創作意圖。除上述三部小說外，如把《金瓶梅》（明神宗萬曆四十五年，公元一六一七年，清太祖天聖二年始刊行）也加上去，則所謂的「四大奇書」便齊全了。但小川以爲該書的詞語有不少難於理解，所以就暫時擱置不談。此外又有〈附考〉兩篇。他說：

〈附考〉一，原擬用註解方式，只因稍嫌冗長，所以才另爲一篇。要研究中國宗教史，尤其要探討它在民間發展的情形時，小說或其他白話文學，應是重要的線索。因此，我便在此嘗試找出文學作品與民間信仰相互影響的關係。〈附考〉二，則在考證當改作《三國演義》（羅貫中的）時，其作爲根據的主要歷史書除《後漢書》與《資治通鑑綱目》外，也應該用過《三國志》，但找不出其確實證據。由此便可窺見小說家的知識與修養之一斑，也可想像其創作的方式。

小川又說：

前面所舉三種小說中所見到的，其共同的新的主題雖是野性的讚美，但小說家並不以此而終止。明代中葉以後，便出現詳細描寫商家的，如《金瓶梅》等作品。迄至清朝，如《紅樓夢》、《儒林外史》等，描寫平凡人生的作品更增多了。這種現象的發生，頗值得研究。就以本書中所舉的三種作品來說，爲甚麼會在小說中出現粗獷的豪傑呢？我從吳承恩改作的《西遊記》的文體中，已發現類似明代戲曲之駢文化的傾向。我以爲小說的散文化，可以姑且把它解作朝向寫實主義的作品。如果《水滸傳》、《金瓶梅》、《紅樓夢》或《儒林外史》是朝這個方向的話，那麼，在《西遊記》裏便可發現它卻朝著與此相反的方向去了。但那可能是因作者的修養與興趣不同之故吧！事實上，我所舉出的其他兩大小說《三國演義》、《水滸傳》，好像也可以發現在憧憬固有文化似的。簡單地說，由於蒙古人的入侵與統治所帶來的中國之混亂，雖反而刺激正在抬頭的民族精神，但當混亂平息，侵略者遠去後，其要求安定的整個社會，便逐漸從愛好英雄的異常趨向，轉而愛好平凡的人了。這種心理在文學上的反映，是否一方面變成描寫日常的平凡人生的態度，一方面產生想要回到早已固定而安定的文學形式（如駢文）呢？但無論如何，這個結論之是否妥當，實須等到把整個明代文學史加以充分檢討後才能決定。

《中國小說史研究》的下部，是討論有關小說的各種問題，共分〈三國演義的毛聲山批評本與李笠翁本〉、〈關索的傳說及其他〉、〈水滸傳的文學〉、〈儒林外史的形式與內容〉、〈儒林外史的作者之佚詩等〉、〈紅樓夢略說〉、〈白話小說的文體〉、〈中國小說裏的寫實主義〉、〈由神話小說——中國的樂園表象〉、〈舊小說的語法——人稱代名詞及疑問代名詞的用法〉等十章。這是作者先後單獨發表過的長短不一的論文。而第一章至第三章，則在補充或考證在上部所討論的問題。

**第一章〈三國演義的毛聲山本與李笠翁本〉**：〈三國演義〉的版本有弘治本、毛聲山本、李笠翁本、芥子園本、兩衡堂本、北平市圖書館藏本、醉耕堂藏本、朝鮮刊本等。而今日流行的毛氏評本（由毛聲山評，以其子宗崗之名出版的），所附金聖嘆〈序〉，頗令人懷疑。所以小川舉出鄭振鐸、荒井瑞雄及廖燕等人之說，並舉出李笠翁本與以比較，而證明該〈序〉並非出自金氏之手。同時也舉出其自藏毛本，說明將毛本所附的〈序〉，說成金氏作的，並非毛氏本意，僞作金〈序〉的，也不是毛氏及其友人。雖無法肯定僞作的時期，但在乾隆十八年（一七五三）時，已是這種形式，（據荒井氏之說）故其年代可能須要上溯至乾隆初或康熙末年（十八世紀）的。

**第二章〈關索的傳說及其他〉**：本章討論〈三國演義〉中出現關羽的次子關索的問題。關索這個人，在現存最早的刊本——弘治本裏，未曾出現過；並且在弘治本卷首所列的人名表〈三國志宗僚〉中，也找不到他的名字。然而在《演義》的流行本毛聲山本中卻出現了關索這個人。插入關索的故事的最早刊本是金陵周日校刊的《新刻校正古本大字意釋三國志通俗演義》十二卷。所以小川認爲關索之被編進《演義》，大約開始於明神宗萬曆十九年（一五九一）前後。

第三章〈水滸傳的文學〉：本章叙述正岡子規（一八六七～一九〇二）曾以〈水滸傳與八犬傳〉爲題（見《子規全集》第五卷，大正十三年即一九二四年刊行），指出兩書的差異。他說：

一言以蔽之，《水滸傳》天眞，《八犬傳》愛窮根究理。

又說：

就人物而言，《水滸傳》所塑造的是天眞而不愛窮根究理。除宋江、吳用等二三人外，都戇直而樸訥。他們一個是體力強壯的好漢，又像貪玩的小孩子。相反的，《八犬傳》裏的是一群愛窮根究理、又喜歡裝模作樣的呆板人物。……因其人物既愛窮根究理，又喜歡裝模作樣，所以不能像《水滸傳》那樣令人拍案叫絕。

小川說：

《水滸傳》裏的人物確實天眞、戇直而樸訥。如魯智深、武松、李逵等人，都能使人讀後留下強烈的印象。他們不但都很粗暴，而且肆意亂鬧，說不上修養或節制。惟其如此，才會令人感到痛快淋漓而非常有趣。他們似乎完全不存倫理道德思想，只重視「義氣」。這是彼此直接接觸以後方纔產生的情感。即使彼此素昧平生，只要認爲對方是好漢，便立刻爲親密的感情所套住，而且立刻決意爲對方赴湯蹈火。相反的，如果對方是壞人，則徹底制裁他。因「義氣」是連帶的感覺，所以時常變成同情與憐憫。如果同情對方非常深切，便立刻開始行動，即使犧牲自己生命，也在所不惜。讀者不但不會對其粗暴感到厭惡，也不會因其坦率而吃驚。孔子說：「見義不爲，無勇也。」又說：「殺身以成仁。」如果將這義與仁改爲義氣，則他們的行爲該是勇者的行爲了。

第四章《儒林外史的形式與內容》：錢玄同曾說：

現在的普通話，是元代的北方官話，經過明代，其一部分便被淘汰，且又加上其他要素，而自然形成的。因此它具有通行中國的能力。《儒林外史》不止是白話文學，而且是最早的國語文學。（亞東圖書館標點本《儒林外史》新〈序〉）

《小說考證拾遺》引佚名筆記評《儒林外史》云：

是爲白話之正宗。蓋行之全國，傳之後世，無有人病其費解者也。

小川說，《儒林外史》雖是中國語言史上的一個里程碑，只因他對這方面的研究不夠，所以見解無法超過各家之說。因此，他在本章所討論的，只從本書的特徵加以一番考察而已。

小川以爲《儒林外史》的筆致，誠如張文虎所說：

外史用筆，實不離《水滸》、《金瓶梅》，魄力則遠不及。然描寫世事，實情實理，不必確指其人。而遺貌取神，皆酬接中所頻見。可以鏡人，可以自鏡。

而且其文字的表達，始終離不開情理，可認爲它是以冷靜的眼光，觀察人生的各種情態。小川說：

其作者大概不是把它當作消遣的東西。因他既非品騭儒者、文人，也不是打算撰寫《儒林傳》。

作者的實際經歷，與本書所寫的，其間究竟有多少距離，或許目前已無法確知，但其最後的詞〈沁園春〉裏有「江左煙霞，淮南老舊，寫入殘篇總斷腸」之句，這是否反映他喚起記憶「且酌觴」乘興斷續的寫下來呢？但無論如何，他並沒有負起使善人必勝，惡人必滅之責任。……幾乎不以「怪、力、亂、神」解除讀者心中之不平。這與《水滸傳》之一百〇八人在死後出現於徽宗之夢中者相比，實有霄壤之別。我在此也可以看出，它之是否為一般民衆而寫的小說了。

**第五章〈儒林外史的作者之佚詩等〉**：本章篇幅較短，主要舉出不為胡適與其他人士所注意的佚詩三首，討論與《儒林外史》作者吳敬梓有關的問題。其詩如下：

㈠西湖歸舟有感

滿地霜華滿舵風，桑陰零落稻粱空；濃沾兩袖西湖雨，灑向扁舟月色中。

㈡寄德甫

征衫拂袖塵猶在，風雪重呼江上舟；辛苦可堪聞塞雁，飄零只合伴沙鷗。敝廬種竹成虛想，古埭看花負勝遊；驟省年來雙鬢改，莫將青鏡照煩憂。

㈢

長江東望雪廉纖，料得推篷朔吹嚴，舊業凋殘嗟道路，壯心磨滅為齏鹽。人如失侶投林鳥，事比沿流上竹鮎；又挂一帆京口去，西津潮落晚風尖。

此詩載於淸代朱緒曾編《國朝金陵詩徵》卷四十四。

**第六章〈紅樓夢略說〉**：本章主要是評論《紅樓夢》的價值。因爲它把寧國府與榮國府——賈家的無數男女的大家庭生活，坦率的描寫出來，並且連閨中秘事也敍述得歷歷如繪，所以小川認爲可以把它看作誨淫小說。他說所以有人把《紅樓夢》譯作《風月寶鑑》（Precious Mirror for Romantic Life），即肇因於此。又說《紅樓夢》所描寫的，原無善惡的對立，而是一種悲劇，這是它與《金瓶梅》不同的地方。賈寶玉雖然是個對女性親切的無能的男子，但他不是善人的代表。至於企圖謀害父親之妾的趙姨娘（見第二十五回），不是罪大惡極的壞人。此外，他又舉出林黛玉、薛寶釵、襲人諸人，詳細分析她們的性格。

**第七章〈白話小說的文體〉**：我國的文言文與白話文的差異很大，文言以簡潔取勝，白話則以極盡曲折爲能事。前者只指出事情的核心，後者則以某種事物爲重點，附帶描述種種與它有關的事。兩者之所以發生這種差異，該是其語言本身之不同所致。小川說：

> 値得注意的是，白話小說原是經宋元以來說話場的藝人的講說而發達起來。當我們想像這些說故事的藝人的表演，其情形很可能像日本的說書人——講釋師，手持扇子或其他東西，說得眉飛色舞、口沫飛濺，一邊說故事，一邊比手劃腳。只要那是動作（gesture），就不須要從頭開始把它記錄下來。在說話之變成讀物的過程中，動作曾對語言發生影響。亦即當動作被用翻譯的形式書寫時，就須附帶說明了。

又說：

白話原是一般民衆的語言，所以它比文言更接近實際，並且也最能活用其特質。白話小說之富於一般民衆的色彩，雖不須在此重新強調，但除探討其所描寫人物之是否爲一般民衆外，察看這種一般民衆的色彩之究竟如何反映於文體，也是非常重要的。

第八章《中國小說裏的寫實主義》：小川說：

中國小說的起源，可溯自魏晉（三世紀及四世紀）；但那是用文言寫的，它們與一般民衆無緣。這種小說在唐代，尤其在唐代的後半（八世紀及九世紀）最爲發達。這就如「傳奇」所示，其多數是空想而非現實的。從唐代起，作爲宣傳佛教之手段，而流行於民間的通俗文學——變文逐漸發達。迄至宋代，小說成爲民衆的娛樂時，便產生一般民衆的文學。這種文學以日常用語——白話來寫。宋代的「說書」雖以聽爲主，但逐漸變成用眼睛看的著作。到了元明初（十四世紀前後）就形成長篇小說了。長篇小說的代表作，有《三國演義》、《水滸傳》、《西遊記》等。這些小說的作者，對於描寫沒有教養及不用思索而直接採取行動的樸實而健康的自然人，相當成功，這些人物相當於唐代小說裏的劍俠。劍俠雖具有接近神仙、魔術師的超人性格，但元明小說所描寫的無知的野人，卻被劃成現實的人與英雄，而形成一種英雄之行爲（Heroism）的特色。這種人物的出現，就時常成爲既有之貴族的（知識階級的）士大夫社會之反抗與鬥爭。所以這些小說與其說是寫實的，無寧言具有更多的羅曼蒂克的成分。

又說：

然當在明代中期出現《金瓶梅》（一六一七年刊）的時候開始，另一種傾向忽然顯著。這部小說的主角爲物慾與色情所凝固。因它以平凡人物的一生及其妻妾之爭風吃醋爲主題，故其英雄並未獲得重要的地位。而且它描寫這種平凡人的日常生活，及在其生活中所發生的事件之能夠引起讀者的興趣，日益增多。因此，明末（十七世紀）的短篇集也無法超越這個範疇。

再說：

《金瓶梅》以後的中國小說，雖具有寫實的一面，但它卻是取代明初小說的英雄行爲而產生的。這種交替，可說是整個明代文學的動向；這與前七子之奔放而充滿熱情的文學，逐漸轉移到公安、竟陵派之平淡、閑適、細膩的描寫文學，步驟相同。這也許可以把它解作明代政治的、經濟的發展到一個界限之文化的表現吧！

**第九章〈由神話至小說——中國的樂園表象〉**：本章分成兩大部分，其前半以〈中國古代神話的資料〉、〈有關后羿的傳說（見於《左傳》者）〉、〈后羿與太陽〉、〈后羿與宓妃、河伯以及后羿之死〉、〈不死之藥〉等爲題目，論述后羿與不死之藥。後半則以〈有關西王母的先秦古書的記載，及殷代的信仰〉、〈作爲疾病之神的西王母〉、〈崑崙——不死的樂園〉、〈見於穆天子傳的西王母——馬斯貝羅氏之說〉爲題目，敘述西王母與崑崙的關係。小川以爲中國古人的觀念裏，追求不死——永生的獲得，或在此現實的人世之外，還存在著另一個世界。這可從秦漢以前古書的片斷記載中，有如下的事情可以看出。關於后羿的傳說，如非後世附會，則他之由西王母處得到不死之藥，便可知當時的人們相信某種藥物可使人獲得永生，並且那是從西方之極限的西王母之國帶來的。……雖可能受到外來的很大的影響，但崑崙山或許是接近西王母之國的地點黃河之水源。秦漢以後的書籍記載該山爲地上的樂園，並且有不死的樹木與水。因爲那裏有使船沉沒的河流（弱水）與怪獸（開明獸），所以很不容易到達那裏。小川又以爲這種觀念與儒家經典所載的不同，所以他可能係從西方輸入，而不是中國固有的東西。

**第十章《古代小說的語法》**：本章以《搜神記》、《搜神後記》、《古小說鈎沈》、《唐宋傳奇集》、《唐人小說》等書爲資料，說明我國古代小說的語法，尤其是人稱代名詞及疑問代名詞的用語。

由以上的敍述可知，小川研究我國小說係以《三國演義》、《水滸傳》、《西遊記》爲經，以《儒林外史》、《紅樓夢》爲緯，兼論我國神話之成爲小說的過程，以及我國古代小說語法與白話小說文體的特徵。他所討論的問題十分廣泛，專門與通俗並重，而且又能深思熟慮，故能完成這部精緻的作品。他既不賣弄玄虛的文字遊戲，也不炫博行怪以欺流俗，所以使人讀後，便可以瞭解我國小說之演變情形及其形式與內容。本書不但可供研究中國文學的人參考，也可供一般學者茶餘飯後細加玩味。

# 吉川幸次郎全集

吉川幸次郎是日本當代最淵博的漢學家，他於一九六八年辭去京都大學文學部教授退休後，仍繼續從事漢學研究工作，直到去世爲止，未曾間斷。

他在神戶度過靑少年時代，二十歲畢業於第三高等學校。將進入京都大學那年春天，曾赴杭州遊歷，見到西湖引人入勝的美景，就深深愛慕中國。

他在京都大學主修中國文學，師事學問淵博的狩野直喜（君山），與內藤虎次郎（湖南）。狩野教授中國文學，內藤敎授中國史學。這兩位敎授最推崇顧炎武，曾以《日知錄》爲講習課本。王應麟的《困學紀聞》，和王國維的著作，也受到他們的重視。狩野曾告訴吉川：日本人過去的漢學不純，所著書不要去讀它。要研究中國的學問，不但要讀中國人的著作，而且一切生活也都要像中國人。這與當時吉川的志願，不謀而合。從此他與能理解中國話的友人通信，都用中文寫。同時又致力於兩件事：一是說中國話，一是用中國音讀中文，而不採一般日本人慣用的訓讀方式。他之所以如此，是因爲體念作者心理表現於音聲的旋律、節奏的關係。他在京都大學求學，即常穿中國服裝，以中國式步伐邁步神戶街頭，儼然以中國人自居；後來也是如此。他曾在其《全集》第十九冊的〈跋〉中說：他所謂的外國，係指日本和中國以外的地域；並在生活中也曾言常思念中國而引起鄉愁。由此可知，吉川是如何的熱愛中國，而醉心於中國文化了。

他二十五歲時（一九二八）留學北平，一直住了三年。當時住宿東城演樂胡同之延英社，曾請旗人奚待園講解《紅樓夢》，藉以練習中國話。並在北京大學先後聽朱希祖的中國文學史，馬裕藻的古音學，孫人和的音韻學。又師事宿儒楊鍾羲。楊博學多聞，尤洞悉淸朝掌故，著有《雪橋詩話》，與詩集《聖遺詩》。其集中有〈贈吉川善之歸日本〉七律一首云：

犨左陳書久放紛，日西方晏喜逢君。程仇一見情先洽，魯汲窮探意獨勤。挂帙未酬車上語，搴裳長望海東雲。創通大義平生願，忠漢猶期話舊聞。

這是一首餞別詩。由此可知，楊鍾羲如何重視吉川，與對他期望之殷了。楊鍾羲把自己與吉川的關係，比作文中子與程元、仇章二人之關係。當時楊鍾羲可能已六十歲左右，吉川則未逾三十，而楊鍾羲便如此稱美吉川，可見當時吉川的學問根底已相當厚。

日本人研究中國文學，在江戶時代（一六〇三～一八六七），尤其寬政（一七八九～一八〇一）後，唐宋八大家之作，被認爲是金科玉律，文章典型。所以柴野栗山、佐藤一齋、賴山陽、齋藤拙堂、鹽谷宕陰等傑出的漢學家，莫不以此形式爲文。即是明治時代（一八六七～一九一二）的重野成齋、川田甕江等也不例外。在江戶末年，日本人喜愛侯朝宗、魏叔子等人的文章。降至明治以後，此風仍盛。殊不知他們的文章，在中國當時並未受到十分重視。到了狩野直喜、內藤虎次郎二人，乃留意中國的新文章，嘗試作新體裁的漢文。此在日本，實屬劃時代的創舉。吉川便繼承乃師衣鉢，且有「青出於藍」之概。

吉川自謂所以立志研究中國學術，而貢獻一生，是因酷愛中國文明，尤其是文學所致。當王國維流亡日本，僑居京都百萬遍時，大約在他讀大學的十年前。他聽說王氏曾讀完《十三經注疏》，這給吉川很大的刺激。吉川生平讀過的書，《四書》、《五經》不必說，他如李、杜、韓、白之詩，與王世禎、朱彝尊等人作品，以及商務印館的百衲本《二十四史》，司馬光的《資治通鑑》，顧炎武的《日知錄》，全祖望的《鮚埼亭集》，錢大昕的《潛研堂集》，洪亮吉的諸集，王應麟的《困學紀聞》，段玉裁的《古文尙書撰異》，江聲的《尙書集注意疏》，胡承珙的《毛詩後箋》，陳奐的《詩毛氏傳疏》，《四部叢刊續編》、《三編》等書，都是在二十歲至四十歲時讀的。吉川以爲乾嘉時期的江永、戴震、段玉裁、王念孫等學者，雖以淵博著稱，但於古代學術文章之見解精闢，卻不如顧炎武。閻若璩在書齋所懸，集晉皇甫謐與梁陶弘景語句，「一物不知，以爲深恥」，「遭人而問，少有寧日」而成之聯語，也給他很大的刺激。所以他認爲如要跟中國人一樣的做學問，就得有這種態度。

吉川做學問的態度，與江戶漢學家不同。江戶漢學的風尙，只致力於將日本人倫理道德之依歸求諸中國。所以他並非江戶漢學的主流，與其說是本居宣長之徒，無寧說是段玉裁、錢大昕之徒，亦即十八世紀乾嘉學者之徒。他首先注重中國傳統的批評標準，而不輕易贊同本世紀學者在中國，或在日本所提倡的新的批評標準。亦即將西洋所用的方法原封不動的搬過來。他以爲民族悠久的文化傳統，是有機的體系。所以他尊重在那體系之中的東西；那是其他文明體系所不易產生的，也許比在別的體系所產生者更優秀。吉川並不像同時代的學者那樣熱衷於重視批評基準之變換，與隨新資料出現而改變觀點。因之，他對本世紀初發現的殷商甲骨文，或殷周時代的金文毫無興趣。並且對於本世紀學者之利用新資料，而予中國古代史的新解釋，也極爲冷淡；對本世紀被發現的敦煌古籍，也未曾作深入的研究。惟於幾千年來人們傳誦的見解，卻有濃厚的興趣。在清朝的目錄版本之學方面，他自負爲最卓越者之一。他自稱可以隨便舉出上個世紀以前的中國人所讀之某一種書籍藏在何處；並認爲現存書籍的價值，遠較亡者爲高。當他在中國結束三年的留學生活，即將賦歸時，在南京曾與黃侃二次見面。黃氏曾告訴他：「中國之學，在於發明，不在發現。」這句話給他莫大的啓示。

吉川回國後，在京都東洋文化研究所供職，後來改任京都大學文學部教授。他在京都大學先後開的課，有「文心雕龍」、「對偶法之研究」、「漢魏詩文」、「杜詩研究」、「中國文學史」。他生平如不從事研究，即埋頭寫作，所以作品非常豐富，於幾年前由東京筑摩書房出版他的全集共二十冊，每冊約百萬言，均附有〈自跋〉，是他親自編輯的。他編輯的方法，是以朝代爲標準，而非就內容來區分。全集分爲二大類：一爲中國經書之解釋、翻譯，一爲專論文章而關於文學部門的特多。

解釋、翻譯的作品，分在第四、五、八、九、十冊內。第四、五兩冊爲《論語》、《孔子篇》，把《論語》二十篇詳盡的解釋後，加以淺近的翻譯，並論有關孔子與《論語》的問題。《論語》的譯注是由吉川口述，尾崎雄二筆記的。前後費了九年時間才完成。吉川譯述《論語》的方法，是先咀嚼先儒之説，而不急於提出新的見解。亦即本「述而不作，信而好古」的精神。在譯述過程中，特別留意伊藤仁齋的《論語古義》與荻生徂徠的《論語徵》，他以爲此乃由日本人解釋中國古籍的上品。第八至十冊，是《尙書正義解題》與《尙書正義》的翻譯。此外，尙有第三冊的若干篇，是《詩經》〈國風〉的譯註。於此可見吉川對於經書所費心血實在不少。

上述各冊爲經書之解釋、翻譯，第十七冊爲專論日本國内的漢學事，第二十冊爲索引，其餘都是專論文章。第一、二冊是汎論中國文學上的各種問題，如：中國文學之性質、中國文學所表現的人生觀、中國小說之地位、中國文章論、中國人與宗教、《詩經》與《楚辭》、《老子》文句的對偶等。第六冊是專論漢人著作的文章。第七冊爲討論三國、六朝時代的論著。對阮籍之〈詠懷詩〉、〈尙書孔氏傳〉及〈閑情賦〉、《世說新語》、北周〈大誥〉等論述，均有其精闢獨到的見解。第十一冊是對唐代之詩文作品而發，分別討論張說、王昌齡、韓愈、白居易諸人詩，兼論《唐詩選》、唐詩之精神，及唐宋傳奇等。第十二冊是專論杜甫作品。據吉川自述，他對杜詩發生興趣，是在高中時代。他說初讀《唐詩選》時，覺得杜詩的分量最重，以爲像李白那樣的詩，在其他國度裏可能也有，然杜詩卻爲中國的詩篇。他在弱冠之年已讀完杜甫、李賀的詩集，並曾以〈乙酉八月十五日〉爲題賦五言詩三首。茲錄其中之一如次：

少愛杜陵詩，篇什頗成誦。所愛音辭壯，抑揚意飛動。中年積愛樂，稍識寄託重。不意將遲暮，身世乃與共。昔者渠園翁，規我戒放縱。爾爲太平人，窮愁非爾用。讀書學性情，何必學哀慟。斯言猶在耳，頗感所見洞。三復秋興篇，千載有餘動。

吉川以爲過去研究杜甫者，多半稱讚杜甫的高尙人格，與對皇帝的忠義，及對家人的慈愛方面。所以在欣賞杜詩時，把注意力集中於他的美德之上，而多忽略杜詩之優點。吉川則一反他們作風，而以現代的批評方法分析杜甫詩。又謂把律詩完成爲眞的抒情詩的是杜甫，此乃杜甫的最大功績。

在二三十年前，其學生黑川洋一（四天王寺女子大學敎授）擬注釋杜詩，曾赴吉川住宅去請敎。吉川說：「注釋杜甫之詩，須有錢牧齋之學力與見識，乃能從事這種工作，除我外，別無他人。」由此可知吉川對杜詩研究之自信。

第十三冊，是針對宋朝文學作品而發。一般人都以爲近體詩自唐朝以後，便不過模擬、追隨唐人之作，而鮮有進步。但吉川卻認爲宋代的詩雖無唐詩之多彩多姿，但作者除官吏外，卻有許多庶民作品，不像唐朝只由官吏或準官吏的人所作，甚少民衆作詩之紀錄。而宋以後經元、明、淸各朝，庶民的作品卻與時俱增，且隨時代之進步，逐漸有表現纖細的心情的作品。他以爲模擬前人格式的作品，雖難免受人之譏議，但仍有其必要的。

第十四、五冊是專論元明文學的作品，共分〈元雜劇研究〉、〈元曲金錢記〉、〈元明詩概說〉、〈元曲酷寒亭〉四個部門。就中元雜劇研究分上下兩篇，已有國人鄭淸茂譯成中文。吉川曾以本篇獲得文學博士學位。他以爲元雜劇是中國現存最古的戲曲，在文學上具有最高價値。並且在假想文學，或口語文學的資料中，殆爲現存之最古者。又以爲因雜劇之聽衆爲一般民衆，便一向有把元雜劇作者之教養，與社會地位看低之嫌。所以他從新資料中印證初期作者，也有身分相當高的人，及頗有文名之士。同時也考證關漢卿、馬致遠及所搜集的其他雜劇作者的事蹟，證明他們並非市井無賴之輩。又對雜劇文章之分析頗有前人未發的理論，卻是吉川最傾注精力，表露其才華的地方。若要舉出其缺點，則是未注意到上演時的效果如何罷了。

第十六冊兼論明、清兩朝及民國以後之作品，對於〈錢謙益與清朝經學〉、〈漁洋山人之秋柳詩〉、〈清末之詩〉，及〈羅振玉〉、〈胡適的四十自述〉等，都分別有專文評論，發表其精闢的見解。

第十八、十九兩冊爲雜篇，分別論述有關文學各種問題，如：〈膠著語之文學〉、〈滅絕之文體〉、〈語言之獨白〉、〈文學之效用〉、〈研究外國的意義與方法〉、〈研究中國之方向〉、〈東西之間〉、〈西洋中的東洋〉等。

總觀吉川的《全集》，在實質上，與本居宣長一樣，非常注重義理的闡發，其特出處則爲仔細探究《五經》與元曲，並論理時每引佛徒所謂「玄義」。其《全集》涉及學術的範圍甚廣，既是中國文學論，也是中國文學史，也有論中國哲學、語言學、考古學之處。所以可說內容豐富，多彩多姿的著作，値得學人一讀。

# 島田正郎的學術生活

## 日本當代遼史學者

島田正郎是日本石川縣人，生於西元一九一五年九月二十九日，今年（一九九四）八十歲。當他幼年的時候，每到夏天，必定往金石港祖母家小住一季，聽聽祖母講述渤海國船隻前來日本貿易的古老傳寄，內心頗受影響，不知不覺中就產生了一種油然嚮往的念頭。

及至適學年齡，就進入其住家隔壁高田敏子所辦的女子英語補習班附設幼稚部，接受啓蒙教育。在這兒，他認認了一些印在積木與畫本上的簡易英文字母；直到關東發生空前大地震（一九二三），他舉家遷居中野爲止，都是在這兒學習受教。

後來，進入秀町尋常小學校，從簡野義明（即《字源》撰者簡野道明的侄子，曾任明治大學教授）學習漢文。簡野首先教導他誦讀《童蒙千字文》，他被書中那種洋溢者歷史經驗結晶的智慧警句，深深的吸引住，像一道絢爛的光芒，頃刻間照亮了他稚弱的心田。島田認爲他所以對歷史——尤其是中國歷史——有所偏愛，可能即種因於此。

後來，島田進一步研讀淺見絅齋著的《靖獻遺言》諸書，對這位先生花費那麼多工夫，將書中注解點點滴滴抄錄在稿紙兩面的精神，非常感動。因此把它裝訂成冊，珍藏在桐木箱中。直到今天，依舊保存著這份可貴的寶藏。島田進入高中以後，有一天請淺見批閱他閱讀司馬光《資治通鑑》所作的筆記，深得淺見賞識。後來，每一次，淺見總不憚其煩的詳細指正他的筆記，因此，使島田獲益不少。他深深體會到，聽講前先作筆記，對於瞭解或糾正自己的缺失，有很大的幫助。

島田在明治中學唸書期間，最感興趣且最爲得意的功課，莫過於英語和漢文。這可能和小時候所受的啓蒙教育有相當關係。他曾請求英語教師春日秀能設英語部，並在課外請外籍教師羅拔特指導英語會話，結果在參加全日本中學英語辯論大賽時榮膺冠軍。這期間，島田又幸運的遇到了兩位對他的往後學術生命有所助益的恩師。其一是教漢文的栗間順先生。據島田說，栗間順非常有趣，只要學生寫出很好的答案，就會給很高的分數，而島田則經常獲得滿分，因此頗爲栗間順所看重，傾其所知的傳授給這個得意的門生。其二是該校校長鵜澤總明先生。當栗間順和島田的關係傳入校長的耳朵時，鵜澤馬上召見島田，想一見這個學校的風雲人物。果然，島田儀表出衆，談吐不凡，因此對他照顧有加，至死不已，並且推薦島田到學校附近的「日華協會」學習中國話，紮下了他繼續深造漢文的根基。

他從明治中學畢業後，進入成蹊高等學校文科乙類深造。這時，跟丸山二郎學日本史，南條文英學東洋史（中國史），藤原音松學西洋古代史，山中謙二學西洋中世史。藤原和南條影響他較深。藤原組織「武藏野史談會」，專門從事古代遺蹟的挖掘。南條則帶他參加「東洋文庫」所辦的春秋兩季東洋學講習會，使他對中國學術有更深一層的認識。更值得一提的是：他在講習會中，認識了一個由武藏野高等學校教師三島一帶去的前田眞典同學；自此以後，彼此經常互勉互勵，從事各種相關的學術性問題討論，直到前田撒手人寰爲止。這中間，島田曾經發表過一篇有關渤海國的論文，並且在武藏野地方參加挖掘遺蹟的工作，而留有深刻的印象。尤其使他永遠難忘的，莫過於隻身來華旅行。當他攀登陰山山頂，看到那一望無際的蒙古大草原的偉大景象，內心所受的衝激，實在難以言宣。等他實際與經營遊牧生活的蒙古人接觸時，才幡然發覺它的資源與日本的農耕社會是迥然有別的，不禁發出一聲深深的歎息，用一種充滿感動的語氣，在日記上這樣寫着：「我們耕稼民族有鄉土，他們遊牧民族卻沒有。是否可以拿具有鄉土的民族歷史觀，來衡量沒有鄉土的民族歷史呢？」這一念之悟，彷彿替他開闢了往後該走的學術途徑。就在那個時候，島田又到北平師事瀧川政次郎，並且終生奉他爲師。後來，島田告訴人家，他之所以在大學主修東洋史，立志研究蒙古史，不外乎循著既定的方針前進罷了。

東京帝國大學時代的島田，在文學部主修東洋史學科。曾隨池內宏、加藤繁、和田清等人治中國史學；跟原田淑人研究中國考古學，與服部四郎學習蒙古話，並師事宇野圓空宗教民族學。另外在法學部聽中田薰講授法制史，在理學部分別修習長谷部言人的人類學，辻村太郎的地理學。在考古學研究室，則與駒井和愛、三上次男；在人類學教室，則與八幡一郎、山內清男等人，互相切磋，而獲益良多。同期學侶則有前田直典、田坂興道、關野雄、藤田正典、永井算巳、鈴木中正等人，經常在一起討論，一起行動。

經過這些師侶學友的教誨斧正，島田開始他學術研究的工作，並對蒙古史表示特別的關心。他首先集中心力於蒙古系統所建立的國家——契丹（遼）史料的蒐集與整理。他所以選擇遼國爲其首要研究的對象，除了滿足小時候祖母口中渤海國的傳奇，以及長大後來華攀登陰山山頂所感受的那份衝激外，尙有下列三個主要因素：

一、史料充足：遼之立國雖只二百多年，版圖也不很大，卻有以中文書寫的專史可供研閱。同時，中韓兩國的史書以及金石碑文中，也有許多相關的資料，可以補正闕疑。

二、地理便利：對日本人來說，要旅行遼國的心臟地帶，比較容易；而且相距一千多年的時間，地形也不致有顯著的變化。如此從事當時社會、經濟、各種制度的推論，當來得比較正確可靠。

三、條件完備：一者當時遼國尙有若干建築物留存於地下，從未有人做過考古學方面的挖掘調查。二者當時遼國的政治制度，以及它與中國、朝鮮的交通輪廓，已爲前人探究出來，正可以利用前人研究的成果，來開拓這一條考古學的榛莽。

這時的島田，雖然存在有將北亞民族看做與中國歷史世界相異的曖昧念頭，但是並不知道這個王朝——遼的類型，和前此北亞的許多遊牧民族的類型，仍舊有很大的區別；即使當時的學者，也是懵然無知的。因此，將遼國作爲北亞史的古代與中世的界標的想法，是島田近三十年不斷研究所獲致的比較成熟正確的論點。

島田既然決定從事於遼史的研究，乃訂下兩項長遠的計畫，趁著年輕力壯的時候，一方面精讀一切有關的資料，一方面立志走遍這個王朝的每一個角落。於中年時，再用考古學的方法，配合所知所見的知識，正式從事研究工作。

他在大學時代，就已從事第一項計畫，決心對照版本的異同，從而將它製成卡片，便於研閱。島田說：

由於《遼史》只有一一六卷，所以只花費年餘時間，就把此項工作完成。

他首先把《遼史》分門歸類，一字一句的抄在卡片上，並且不時將校勘所得，以及不同的相關資料填入卡片中。這是他最寶貴的財產。

就其第二項計畫而言，島田在大學時代曾爲調查遺留在喀喇沁左旗大名城的中京大定府址，而隻身來華；且又廣泛勘查興安嶺以東地區的遺蹟。將此調查的結果，做成報告，附在他的畢業論文後面。（按：島田於一九三九年三月結束東京帝國大學文學部東洋史學科課程，畢業論文的題目爲《遼朝統治下的漢人遷徙問題》，而以《遷徙漢人的經濟生活》爲副，以《遼之中京城址》作參考論文。）

島田結束大學課程後，隨即以日本外務省文化事業部第三種補給生的身分，留學北平。所謂「第三種補給生」，就是以庚子之役的賠款爲基金的文化事業之一。它雖由大學委託遴選，實際上卻無任何義務及學成後的工作保障。但每月除可領到日幣二五〇圓外，每年尙有二五〇圓的調查費可拿，所以在華留學的日子，也過得相當舒適。同期以這種身分留華的，還有關野雄、今堀城二、池田末利等人，他們分屬於不同的大學，研究的項目也不盡相同。

此外，還有比第三種補給生略勝一籌，而在學問上、年齡上都稍具前輩資格的在外研究員制度，京都大學即採用這種制度。所以，森鹿三、佐藤匡玄、今西春秋、小野勝年、日比野丈夫等人，都與島田先後來華。

當時的北平，還有靠同種基金的「東方文化事業總委員會」，正在進行「續修四庫全書」的工作。而北京大學附屬圖書館，與清華大學俱樂部，便成爲這批日本留華學生日常聚會的場所。他們在此，各自從事自己的研究工作，過者優游自在的生活。島田說：

我們除埋首研究外，有時也到北大文學院聽課，或到北平圖書館善本書室批閱搜尋。有時則前往法源寺，請董康講解唐律。或到寄居景山東大街的西羅柯哥洛夫（Sirokogroff）處，向他請益。甚至遠赴哈爾濱向研究蒙古法的先驅理亞薩諾夫斯基（Riazanovsky）討教。這個時期，既經常買書，又從事調查旅行，所以經常弄得阮囊羞澀，食不甘味。雖然如此，在留學北平的兩年期間，卻增加了不少見聞，對往後的中國研究有莫大裨益。而這一段美好的北京歲月，更爲我此生回味不盡的美麗回憶。

同時，島田也正式參與日本「東亞考古學會」主辦的古蹟調查挖掘工作。兩年留華日子很快就過去了，他也完成了《遼代史研究》的論文。回國以後，擔任同一基金會所辦的東京帝國大學文學部考古研究員。一九四二年四月，被派爲由僞「滿州鐵路基金」所辦的由日本外務省管轄的東方文化學院東京研究所研究員，在池內宏指導下，從事「遼代契丹人的社會組織研究」，並受託於東京帝國大學從事「滿韓地理歷史研究」。以後，因爲工作上沒有甚麼約束，乃正式參與「東亞考古學會」、「滿日文化學會」以及「日本學術振興會」聯合主辦的古蹟發掘調查工作，因此得以向原田淑人、駒井和愛等人，請教調查方法。並且利用這個千載難逢的良機，對遼代遺蹟作一番更廣泛的勘查。逐步完成當初預定的，將此王朝的領域作地毯式探查，運用考古學知識加以印證的研究計畫。事實上，這個時期的島田，一年中大半時間都在中國大陸度過，只有在寒冷的冬天，才回到東京整理資料。這種生活，一直持續到日本戰敗，無條件投降爲止。

島田回憶說：

自從接受僞滿洲國政府的委託，從事遼代遺蹟的綜合調查，直到日本戰敗爲止的短暫兩年時間，殫精竭力的從事這種工作。當局肯將鉅額經費與衆多人員，交給年僅二十六歲的白面書生支配，無論是委託的一方，或是接受的一方，在今日看來，都是一件令人不可思議的事。

對於遼代墳墓的挖掘，島田鑒於前此由田村實造、小林行雄二人所爲的慶陵調查造成的典範，乃規劃從城址的調查著手。並且注意到位於巴林左旗林東鎮西南的遼代城址，領導八十名人員，除去掩覆住整個城區的表土，使昔日的祖州城全貌，得以重現眼前，完成了造出遼代城市典型的事業。爲此，他整整度過四個月的帳蓬生活。這份忠於學術、忠於工作的精神，實在很令人感佩。

祖州城重現的第二年，島田把工作重點放在巴林左旗管區內，從事於挖掘調查當時極爲罕見的遼代的各種工作場所，以及工人部落遺址，俾便成功的提供遼人生產方面的資料。

這時，島田一面從事野外的勘查，一面在研究室埋首解決所面臨的問題。一開始，他就透過法律與制度，來分析遊牧民族契丹人的性格及其社會組織。這項工作，本來只要根據遼國的基本法——《重熙新定條例》與《禮書》即可。奈何二書均已亡佚不傳，島田只得企圖從當代的文獻史料中，摭拾該基本法的佚文，恢復本來面目。而事實證明，這種方法是失敗了。所以島田不得不採取間接方式，由當時的案例，溯求遼朝的基本法內容，直到一九四二年（昭和十七年）春天，才使得遼律（刑法）復原。島田說：

當我開始從事這項工作時，就假定遼律是受唐律的影響而成的。後來在整個作業過程中，證明這個假設沒有偏差。同時，也因此方法，證實了契丹固有法與中國法的元次是有所差異的。

後來，島田將這項研究成果，用瀧川教授監修的名義，題名《遼律之研究》，公之於世。對於一個離開大學僅有三年的青年人而言，這種成就是相當難能可貴的。

《遼律之研究》出版後，島田又立志恢復遼代的法令與禮制的本來面目。這項工作，於一九四四年春天完成，分別題名爲《遼令之研究》與《遼禮之研究》。正想委託書肆刊行出版時，卻因一九四五年三月十日的空襲，將二書炸燬。島田說：

經過這次慘痛的敎訓，以後一切稿件，均把副本留在身邊，直到今天，都是這樣。

《遼令》與《遼禮》被炸燬，但由於二者均未曾有人著手研究過，而且關係島田往後的研究工作，因此乃利用日本戰敗後的混亂狀態，一時無法從事新工作下，捲土重來。一般說來，一生當中把相同的題材作第二次研究，是件令人難於想像的事。可是島田卻認爲：這對於他擺脫戰敗後那嗒然若失的心境大有助益。一九七五年，他六十一歲，回憶當時的情形，曾說：

在成長期的兩年，相當於現在年齡的數倍時間。但因本身的進步，我可以自負的說，第二次的研究成果，是遠勝首次的。非但如此，又因第二次研究，幾乎風靡了當時的日本學術界。

他又說：

以遼爲中國史上的征服王朝的魏都荷格爾的學說，雖給我不少啓示，但我卻不以遼爲中國的王朝，而主張它係北亞史上的一個國家。並且在一九五二年，刊行《遼代社會史研究》。這種爭論，雖持續至今，可是我一直爲堅持自己對遼史研究的看法的正確，而頑強的從各方面加以論證。因此，《遼代史研究》與《祖州城》同以《遼制之研究》方式刊行，是無須贅言的。

也因《遼制之研究》一書，使島田於一九五一年八月榮獲東京帝國大學法學博士，同年十月，升任教授，以迄於今。

本來，在日本戰敗後，由於一時無法從事考古學的新工作，島田曾感到無限的孤獨。然而就在他重新整理遼令與遼禮時，繼續從事研究的勇氣也油然而生。就以他出身文學部，卻置身法學部教授之林而言，正表示此乃是興趣之所在，因此對自己的抉擇，懷有一份安樂的感覺。然而眞正使他擺脫苦惱的，是一九五五年承蒙往日北京大學校長蔣夢麟先生的介紹，到臺灣大學擔任客座教授。在那兒，他頗得當時碩儒姚從吾、董作賓、凌純聲、李濟、蔣復璁、廣祿、趙鐵寒、陳顧遠的知遇，當他看到這些久經炮火淩虐，流亡到此地的學者們，仍舊孜孜矻矻於學術研究的精神，不禁深受感動。從而驅走他自戰敗以來心靈的迷惘，重新拾回向前邁進的勇氣。

島田說：

雖然，我已無昔日那種龐大組織的背景與庇護，可供依賴，但我完全以自己的力量，藉著學問的探討，去接觸每個人的心靈，竟使自己逐漸獲得老碩儒的知遇；同時也克服了許多微妙的人際關係與繁雜的手續，衝破本來信守而又固蔽的障礙，得以批閱珠玉般古籍與資料的機會。這些古籍與資料，在北平時，爲了避免被戰火摧毀，早已疏散以至流失，幾成天下孤本，日本學者未曾過目的實在不少。自那以後，我到臺灣訪問的次數，每年至少一回，多則三回，以迄於今。結果，書庫的任何地方都被允許出入了。同時也認識了戴炎輝、林咏榮、楊家駱、陳奇祿、宋晞、札奇斯欽等，年齡相彷的站在第一線上的教授，加深彼此間學問的交流。進而靠著他們的介紹，得與許多年輕的研究者相來往。

現在，我們再回過頭來看，一九五〇年代後半，島田將其全副精神，都貫注在建立北方歐亞法系上。他所用的方法是：檢討十三世紀以後的蒙古法典，然後將它與有關的前此北亞遊牧民族之法的習慣，用中國文字書寫的史料，作一番比較，從而證明蒙古法並非蒙古人所創立，乃是有史以來，以北亞爲生活場所的蒙古系、土耳其系等遊牧民族的文化產物。雖然，他當時未能直接看到以蒙古文書寫的蒙古法典，而須倚靠德語或俄語本。但這些版本，既有不少意譯的成分，又有許多翻譯不妥的地方，使得他的研究只能獲得事倍功半的效果。後來，島田總算得到了以蒙古文書寫的蒙古法典，根據這些第一手的資料，更證明了他的推論並沒有偏差。雖然要把它運用自如，仍是須煞費苦心的。

島田認爲難於運用自如的原因，在把握蒙古文的用語與概念上，有很大的障礙。蒙古法表面上雖很具體，然其概念之抽象，幾乎使人無法抓住其線索。例如：可能爲法典裁判規範的事件，卻很難把握其「犯罪」的成立要件，使他知曉其行爲是犯罪的；也無法得知怎樣的行爲才能構成犯罪，而成爲法令制裁的對象。這類問題很多，所以想以蒙古法爲法制史的對象，是很困難的。因此，島田又轉變了研究的方向，亦即擬從清廷爲其蒙古藩屬作對象所定的特別法著手。他認爲清廷的特別法，在這種場合是以清律爲基礎而定的，故其相關史料特別豐富。如果加以綿密研究，或許可透過蒙古人對此法的對應方式，而獲知他們對法的意識與觀念。如果這個假設能夠成立，再將它擴大溯及於蒙古族，對瞭解蒙古法典，定會有很大的裨益。這樣的做法，當然須要充分的準備，島田以這種論點從事蒙古法的研究，一直到一九六〇年代後半，才把成果陸續發表出來。

島田除上述研究外，又忙著將早已準備妥當，大致完成的遼朝官制研究的論文整理出來。他說：

我自己非常瞭解，缺少官制研究，對《遼制研究》而言，實有欠「點睛」之憾。官制研究非常困難，尤其遼朝那樣的缺乏史料，如果沒有相當的決心，是無法完成的。幸虧新的石文史料被發現了不少，從而得知一些官署、官職的名稱。在那兒，又有不少向來不爲人知的資料。每當發現這種資料，我便仔細的把它錄下來，拿它與《遼史》〈百官志〉作比較，寫成可稱爲《遼史》〈百官志補〉的論文，進而從當代文獻中摭拾每一官職的補任事例，逐步細心的作成圖表。有了上述準備做基礎，島田自一九六〇年代起十年內，陸續表了：〈遼的北面中央官制之特色〉、〈遼東地區旱田耕作民族與遊牧民族間家產繼承制度之比較研究〉、〈遼朝鞠獄考〉、〈三論契丹的婚姻〉、〈遼朝宣徽院考〉、〈遼朝御帳官考〉、〈遼朝監察官考〉、〈遼朝田制〉、〈遼朝林牙翰林考〉、〈遼朝鞠獄官考〉、〈遼朝于越考〉、〈遼朝宰相考〉、〈遼日交涉〉、〈遊牧民族文化的特色〉、〈遼朝惕隱（宗正）考〉、〈遼朝三省考〉、〈遼朝的成立——遊牧民族所建中央集權國家〉、〈澶淵之盟——南北和平與遼宋交涉〉、〈遼的文化與契丹文字〉……等，一系列有關遼制研究的論文。雖然這些都能成爲論文的體裁，但並不是他研究的全部成果。島田打算把未曾發表的部分整理出來，再綜合以前發表的論文，刊印成《遼朝官制之研究》一書以問世。

最後，島田特別強調：

> 我四十年來對遼朝不斷的研究，確實獲得許多的知識。根據所知，我實在無法認爲遼朝——契丹人所建的帝國，有如中國官吏制度般聳立著皇權，而確立其獨裁權與世襲權。它仍保留有北方民族固有的部族國家的痕跡。進一步綿密探討其獨特官人制度，終於證實，無法把遼國看成中國的王朝，或是征服中國而成的王朝。

目前，島田在明治大學講授「法制史」（東洋）與「歷史學」。前者的講授重點在中國法與其四周國家法律的比較。自從大學院（即我國的大學研究所）設立以後，則以三年爲一期，反復闡述與中國法有關的資料。起初他以唐代法之研究爲主，後來則以元代法爲主，近年則把研究的重點放在清代法上。

民國五十六年十二月，華岡私立中華學術院以哲士的榮銜頒給島田，以表示對這位半世紀以來致力發皇中國歷代制度的異邦學者的崇高敬意。由於島田本身的成就，曾分別受聘到琉球大學、南洋大學等校講學。這對於一位終生從事學術研究的學者來說，實在是最大的安慰，也是至高的榮譽。

總而言之，島田憑著他五十年對遼史、蒙古法的研究，肯定遼朝爲北亞史上的國家，認爲蒙古法乃是北方遊牧民族的文化產物的這種獨特的見解。無論如何，對於我國學術界來說，都是一股嶄新的激流。但願我們從事這方面研究的學人碩彥，能夠起來握穩這股激流，加以分析探究，使學術的星空，再次放射出燦爛的光芒！

島田正郎的著作十分豐富，其已經出版的專著，約計二十一種。茲依其出版年月之先後，分列目錄如下：

○遼律之研究　大阪屋號書店　昭和十九年（一九四四）一月
○林東之沿革　僞滿洲國興安總省巴林左翼旗史蹟名勝天然記念物保存會　昭和十九年十一月
○世界史要　野村書店　昭和二十六年四月（昭和二十八年四月，三和書房再版）
○遼代社會史研究　三和書房　昭和二十七年一月
○東洋法史要　三和書房　昭和二十七年四月

○遼制之研究　中澤印刷株式會社　昭和二十九年三月（昭和四十八年八月，汲古書院影印再版）
○祖州城　中澤印刷株式會社　昭和三十一年一月
○東洋之法的歷史　三和書房　昭和三十二年四月
○遼之社會與文化　弘文堂書店　昭和三十一年十二月
○世界史綱　三和書房　昭和三十二年四月
○世界史　啓文社　昭和三十四年四月
○亞細亞——歷史與法——　啓文社　昭和三十七年四月
○遼的社會與文化　中國文化學院（臺北）　民國五十三年十月
○北亞史　中國文化學院（臺北）　民國五十三年十月
○北亞細亞法制史　中文化學院（臺北）　民國五十三年十月
○亞細亞史概論　啓文社　昭和四十一年四月
○亞細亞的歷史　啓文社　昭和四十二年十月
○東洋法史　明好社　昭和四十五年三月（昭和四十九年十月，東京教學社再版）
○亞細亞史　啓文社　昭和四十八年四月
○中國文化史蹟——增補——東北篇（與竹島卓一共著）　法藏館　昭和五十年七月
○遼史（中國古典新書）　明德出版社　昭和五十年九月

至於島田所著的單篇論文部分，約計一百二十篇，其詳細篇目、發表年月及刊載的出版物名稱，則不一一列舉了。

（取材於島田正郎先生論著目錄）

國立中央圖書館出版品預行編目資料

中日關係史研究論集. 四 / 鄭樑生著. -- 初版
. -- 臺北市 : 文史哲, 民８３
面 ; 公分. -- (文史哲學集成 ; 309)
ISBN 957-547-858-4(平裝)

1. 中國 - 文化關係 - 日本

630 83002226